O Cotidiano da Política

Coleção

ANTROPOLOGIA SOCIAL

fundada por Gilberto Velho

dirigida por Karina Kuschnir

- O Riso e o Risível
  Verena Alberti
- Falando da Sociedade
- Outsiders
- Segredos e Truques da Pesquisa
- Truques da Escrita
  Howard S. Becker
- Antropologia Cultural
  Franz Boas
- O Espírito Militar
- Os Militares e a República
  Celso Castro
- Bruxaria, Oráculos e Magia entre os Azande
  E.E. Evans-Pritchard
- Futuros Antropológicos
  Michael M.J. Fischer
- Nova Luz sobre a Antropologia
  Clifford Geertz
- O Cotidiano da Política
  Karina Kuschnir
- Cultura: um Conceito Antropológico
  Roque de Barros Laraia
- Guerra de Orixá
  Yvonne Maggie
- Evolucionismo Cultural
  L.H. Morgan, E.B. Tylor, J.G. Frazer
- A Invenção de Copacabana
- De Olho na Rua
  Julia O'Donnell
- A Teoria Vivida
  Mariza Peirano
- Cultura e Razão Prática
- História e Cultura
- Ilhas de História
- Metáforas Históricas e Realidades Míticas
  Marshall Sahlins
- Antropologia Urbana
- Um Antropólogo na Cidade
- Desvio e Divergência
- Individualismo e Cultura
- Projeto e Metamorfose
- Rio de Janeiro: Cultura, Política e Conflito
- Subjetividade e Sociedade
- A Utopia Urbana
  Gilberto Velho
- Pesquisas Urbanas
  Gilberto Velho e Karina Kuschnir
- O Mistério do Samba
- O Mundo Funk Carioca
  Hermano Vianna
- Sociedade de Esquina
  William Foote Whyte

Karina Kuschnir

O Cotidiano da Política

ZAHAR

Jorge Zahar Editor Ltda.
rua Marquês de S. Vicente 99 – 1º | 22451-041 Rio de Janeiro, RJ
tel (21) 2529-4750 | fax (21) 2529-4787
editora@zahar.com.br | www.zahar.com.br

Capa: Carol Sá e Sérgio Campante
Composição: Textos & Formas

CIP-Brasil. Catalogação-na-fonte
Sindicato Nacional dos Editores de Livros, RJ

K98c

Kuschnir, Karina
O cotidiano da política/Karina Kuschnir. — Rio de Janeiro: Zahar, 2000.
(Antropologia social)

Inclui bibliografia
ISBN 978-85-7110-552-2

1. Ciência política. 2. Políticos. I. Título.

00-0515

CDD: 324.22
CDU: 324

Sumário

Introdução 7

PARTE I • TRAJETÓRIAS NA POLÍTICA

1. O mito do deputado ideal 15
2. De sindicalista a "político de subúrbio" 25
3. De "filha de deputado" a herdeira política 34
4. Tornando-se vereadora 42
5. A carreira na política 54

PARTE II • O COTIDIANO DA POLÍTICA

6. "Subúrbio, mostra a tua cara" 63
7. Assessores: uma equipe que "veste a camisa" 76
8. Política: "acessos que não têm preço" 88
9. A "comunidade": problemas e pedidos 108
10. O atendimento: intermediando recursos 116

Considerações finais 135

Agradecimentos 146
Notas 149
Referências bibliográficas 155

Introdução

Quando se reelegeu para seu segundo mandato em 1996, a vereadora Marta Silveira foi considerada pela mídia um "fenômeno". Sua impressionante votação era vista com espanto por aqueles que nunca tinham ouvido falar nela. Em Roseiral, porém, populoso bairro de subúrbio do Rio de Janeiro, os Silveira são famosos. É de lá que saem os votos de Marta e também de seu pai, o deputado estadual Fernando Silveira. Há quase 40 anos, a família presta "atendimento" à população de Roseiral.

Fernando é hoje um dos deputados estaduais com maior número de mandatos no Brasil. Foi eleito pela primeira vez em 1962, e em 1999 tomou posse pela nona vez na Assembléia Legislativa. Eleita em 1992 e 1996, Marta espera conquistar seu terceiro mandato consecutivo como vereadora nas eleições de 2000. Ambos são filiados ao PFL, mas ao longo de suas carreiras transitaram por vários partidos.

Fernando veio do Nordeste e começou sua vida política no Rio de Janeiro como sindicalista. Em 1962, tornou-se deputado e passou a se dedicar ao atendimento dos moradores de Roseiral. Reelegeu-se sucessivamente até perder o mandato em 1982. Nas eleições seguintes, conseguiu voltar à Assembléia graças à ajuda de sua filha. Marta, formada em psicologia, não pensava em seguir carreira política. Começou a trabalhar no escritório do pai apenas para ajudá-lo, mas terminou elegendo-se vereadora nas eleições municipais de 1992 e 1996. Nesta última, sua votação foi cinco vezes maior que a anterior e superou, inclusive, quaisquer das votações já obtidas por Fernando.

Neste livro, vamos observar de perto a vida e o trabalho político dos Silveira exatamente no período em que Marta preparava a reeleição que iria torná-la um fenômeno político-eleitoral – uma das vereadoras mais votadas de toda a história do Brasil.

O estudo dos Silveira também é um caso privilegiado para discutir questões mais amplas envolvendo *antropologia* e *política*. Através dele, podemos entender a prática cotidiana da política, avançando no conhecimento de como o sistema político formal é experimentado, vivido e transformado, através da trajetória e dos projetos de seus atores concretos. Veremos também como a experiência política se desenvolve no dia-a-dia, e não apenas no período eleitoral.

A pesquisa para este livro começou a ser desenvolvida no contato com vereadores e suas atividades na Câmara Municipal do Rio de Janeiro. A partir do discurso dos parlamentares sobre seu ofício, projetos e inquietações, observa-se um padrão de relações que organiza o mandato em três eixos principais: a relação dos vereadores com a população em geral, com outros vereadores e com o Poder Executivo da cidade. O parlamentar é uma peça central nessas relações, atuando como um *mediador de alianças* e *intérprete cultural* entre esses diferentes domínios do campo político.[1]

A associação entre mediação política e mediação cultural no papel dos políticos cariocas está relacionada ao contexto urbano de uma metrópole como o Rio de Janeiro, com níveis de cultura e sociabilidade extremamente complexos. Dentro dessa convivência de mapas e códigos de significação da realidade imbricados na cidade, a representação política é estratégica. Através do representante-*mediador*, a população tem acesso a dimensões e níveis de cultura de outra forma inatingíveis. O êxito do político é proporcional à sua capacidade de articular esse vínculo com o eleitor de modo a fazê-lo sentir que compartilha seus valores, projetos e dramas e, ao mesmo tempo, é alguém diferente, que pode trazer soluções de mundos distantes de sua realidade. Em algum nível, todos os vereadores são prestadores de serviço à população. A assistência faz parte do cotidiano dos parlamentares e, além da doação ou troca de bens materiais, envolve também as esferas cultural e simbólica da vida social.[2]

O estudo do sistema político de uma sociedade é um dos meios privilegiados para se compreender a natureza de suas instituições. Na antropologia, foram principalmente os britânicos que investigaram os sistemas de organização e controle do poder, pesquisando em sociedades tribais africanas, onde não havia um Estado centralizado. Esses trabalhos foram realizados especialmente nas décadas de 1930 e 40 e mais tarde passaram a ser conhecidos como estudos de *antropologia política*. Um dos marcos dessa perspectiva é considerar que as sociedades podem ser politicamente organizadas mesmo que não contem com instituições políticas formais nos moldes ocidentais europeus. No caso do continente africano, por exemplo, a chave dessa organização era o sistema de parentesco.[3]

No Brasil, o interesse de antropólogos pelos fenômenos eleitorais tem aumentado, produzindo uma série de trabalhos que vieram renovar os estudos sobre política. Embora reconhecendo a importância da tradição herdada da *antropologia política*, esses autores adotam uma nova perspectiva. Buscam compreender a política como parte de fenômenos sociais mais amplos, cuja explicação não está restrita a uma esfera específica da vida social. Esse campo de conhecimento vem se tornando conhecido como uma *antropologia da política*, isto é, uma antropologia onde a política é um dado etnográfico que deve ser analisado com os instrumentais clássicos da disciplina: trabalho de campo, observação participante, entrevistas etc. É nessa perspectiva que se insere este estudo do universo dos Silveira.[4]

Todos os nomes aqui utilizados são fictícios, salvo no caso de personalidades públicas, como o ex-prefeito do Rio César Maia ou o ex-governador Marcelo Alencar. Roseiral, nome do bairro onde se concentra o trabalho dos Silveira, também foi forjado com o objetivo de proteger a identidade dos seus moradores. Alguns dados foram omitidos para dificultar a identificação dos personagens. Em contrapartida, a pesquisa revela informações sobre os bastidores da política, suas redes, valores e práticas que dificilmente poderiam ser obtidas se a identidade dos informantes não estivesse protegida.[5]

Esta pesquisa desenvolveu-se a partir de uma etnografia realizada entre agosto de 1995 e janeiro de 1997. Observou-se o cotidiano dos políticos, seus familiares, assessores e eleitores. Foram acompanhados encontros públicos, atividades dos gabinetes, reuniões com assessores, audiências com funcionários do poder executivo, conversas com outros políticos, vida familiar, comícios, panfletagens, atendimento a eleitores, discussões sobre estratégia de campanha, festas, inaugurações de obras, reuniões sindicais e eleições. Somou-se a esse material a realização de entrevistas, coleta de peças de divulgação e campanha, processamento do cadastro de eleitores e levantamento de atividades legislativas: projetos de lei, indicações, participação em comissões, atribuição de menções honrosas e concessão de medalhas, além da emissão de ofícios e outros documentos. Diversos outros políticos foram pesquisados em profundidade, além dos Silveira. Jornais e revistas também forneceram informações importantes para a pesquisa, assim como as análises sobre os programas do Horário Gratuito de Propaganda Eleitoral.[6]

A escolha da atividade política de Marta e Fernando Silveira como tema deste livro foi motivada por sua longa e ativa trajetória parlamentar, pautada por um estilo peculiar de fazer política. Durante quase 40 anos atuando no Rio de Janeiro, os Silveira sempre se mantiveram à sombra de noticiários e eventos marcantes. Permanecem, porém, fortemente presentes na vida dos moradores de Roseiral.

Marta é uma pessoa expansiva, com grande capacidade de articulação e reflexão sobre seu próprio trabalho. Entrevistada em 1993 pela primeira vez, mostrou-se sempre disposta a colaborar, permitindo a observação irrestrita de seu escritório, gabinete e até de sua residência. Incentivou o pai a colaborar, assim como seus assessores, que deram entrevistas e forneceram informações. Durante os 18 meses de intenso convívio, todos foram cordiais e simpáticos. De minha parte, procurei manter a independência de pesquisadora sem deixar de ser amigável e cooperativa quando necessário.

Todo o processo de pesquisa foi orientado pela preocupação de afastar "pré-noções" que pudessem contaminar a observação com julgamentos de valor. É uma tarefa difícil, principalmente quando se estuda um tema como a política em nossa própria sociedade. O universo dos Silveira é pautado por valores e regras que diferem daqueles normalmente associados às práticas políticas "corretas" ou "democráticas". Entretanto, sua existência e vigor confirmam a metrópole como um lugar especial, onde convivem diversas tradições culturais e visões de mundo.[7]

Este livro analisa a trajetória dos Silveira tendo como foco principal Marta e sua rede social. A primeira parte começa com o "mito do deputado ideal", mostrando os valores e crenças a respeito da política e do papel dos parlamentares presentes na memória dos Silveira.

Depois, observamos a passagem de Fernando pelo sindicalismo, sua entrada na carreira política e seus projetos como "político de subúrbio". A perda e a recuperação de seu mandato são o foco do capítulo 3, onde vemos como Marta se transforma em herdeira política do pai. No final da primeira parte, acompanhamos o processo da primeira eleição de Marta e uma discussão mais ampla a respeito das carreiras na política.

A segunda parte do livro concentra-se no cotidiano da política. O tema inicial é o bairro de Roseiral e a relação dos Silveira com a cidade como um todo. São discutidas as definições de *subúrbio* e *área* que mapeiam a distribuição dos seus votos. Em seguida mostra-se quem são os assessores e cabos eleitorais, e como funciona o trabalho político em equipe. As redes de relações dos Silveira são o tema do capítulo 8, onde também é discutida a concepção de política como um mundo de *acessos que não têm preço*. Observamos então os problemas dos moradores de Roseiral e as características da sua *comunidade*. No final da segunda parte, vemos o trabalho de *atendimento* e *mediação* realizado pelos Silveira entre a população e os órgãos públicos.

Nas considerações finais, mostra-se que o trabalho de atendimento dos Silveira junto aos seus eleitores é pautado pela *lógica da dádiva*. Em uma sociedade com instituições políticas construídas a partir de princípios democráticos, observamos a coexistência de diferentes visões a respeito da atividade política, convivendo e combinando-se segundo contextos e circunstâncias específicas. Instituições políticas semelhantes podem gerar comportamentos distintos, sendo permeáveis a princípios e ideologias os mais diversos. O estudo de universos políticos como o dos Silveira, geralmente reduzidos à classificação de "clientelistas", nos permite entender a complexidade dessas diferenças e buscar explicações mais substanciais para as suas motivações.

• PARTE I •

Trajetórias na Política

• 1 •
O mito do deputado ideal

O "atendimento" à população de Roseiral é a marca do estilo político dos Silveira. Uma das principais imagens que Marta guarda da infância é a de seu pai atendendo a comunidade na porta de casa. Ela nos relata três episódios que corroboram essa lembrança – todos com a mesma estrutura narrativa e elementos em comum. São histórias míticas, ocorridas em um tempo remoto e narradas por pessoas que, embora tenham sido afetadas pelos acontecimentos, não participaram diretamente da ação. Todas foram contadas espontaneamente, e ocorreram antes do nascimento de Marta ou quando ela era muito pequena para ter consciência do que se passava à sua volta. A compreensão dessas histórias é fundamental para apreendermos os valores e ideais que norteiam a visão dos Silveira a respeito da atividade política.

No primeiro relato, Marta volta a 1983 e lembra como sua mãe reagiu à perda do mandato de seu pai. Depois de uma breve pausa, conta:

> Falando em roupa, lembrei de uma coisa importante. Eu era criança e minha mãe costurava muito. Na época em que a Assembléia fechou, ela trabalhou muito para fábrica. Mesmo sendo esposa de deputado já há algum tempo, lembro que ela cosia bermudas para ajudar em casa, pois meu pai ficou sem salário. Coitada da minha mãe, já ralou demais. É uma figura muito especial. Fez de tudo na vida. Ela fazia a gente subir e descer os apartamentos [de um conjunto habitacional] em uma comunidade carente, porque ficava medindo o tamanho das crianças e passava o ano inteiro fazendo roupinhas para distribuir no Natal. Fazia shortinho, sainha, vestidinho. Ela tinha o nome da criança, a idade e a medida. Eu era pequena ainda. Tem ainda vivo um rapaz que mora lá e tinha que

> amputar uma perna. Eu passei a véspera de Natal dentro do apartamento dele com minha mãe e uma médica dando morfina para o rapaz, que gritava muito de dor. Só lembro, porque eu era criança, dos gritos desse rapaz. [...] Ele até hoje é uma pessoa *muito grata*. Era rapazinho nessa época, e até hoje tem verdadeira adoração pela minha mãe. Aliás, acho que a maioria das pessoas que moram perto dela têm muita *adoração* por ela, têm muito *respeito* por ela. Ela é uma pessoa desprovida de vaidade e que sempre ajudou muito. Minha mãe saía de casa de madrugada para levar as pessoas para o hospital, para enterrar, para internar... Se tivesse que vestir o defunto, ela vestia. Se tivesse que arrumar o caixão, ela arrumava. Resolvia tudo. E só chegava em casa depois que já estava tudo pronto e resolvido. É uma pessoa muito especial. Ninguém tem problema perto dela, porque ela resolve todos os problemas. [...] Nem sempre pelo melhor caminho, mas resolve.

A segunda história foi protagonizada por Fernando Silveira e chegou aos ouvidos de Marta durante uma reunião de campanha em 1986. Ela narra:

> Tem uma outra história também, [...] que eu escutei. Na campanha de 86, meu pai foi a uma reunião num dos conjuntos habitacionais [...]. No meio desse comício, um menino levantou e pediu a palavra. Devia ter na época uns 16 anos, hoje deve estar com 26. Disse: "—Eu queria falar uma coisa para o senhor." Papai já ficou meio assustado. [O menino:] "— Bom, eu tô vivo graças ao senhor." [Fernando:] "— Por que?" [O menino:] "— A minha mãe tava grávida, tava muito mal, hospital nenhum quis aceitá-la, eu já ia morrer, porque já tava sem oxigênio, e o senhor botou minha mãe dentro de um carro, entrou dentro do hospital e disse para o diretor que [ele] ia operar minha mãe naquela hora, porque a criança ia morrer. E essa criança sou eu." Papai chorava. Quando o garoto terminou de falar, coitado, as lágrimas caíam e ele não conseguia mais fazer discurso nenhum. Acabou a reunião. Então eu tenho curiosidade de saber quem é esse garoto. Ele tem isso guardado. Porque [para] um garoto de 16 anos ter isso tão forte, tão

presente, [a mãe] deve ter colocado isso na cabeça dele. Eu não sei quem é essa mãe, nem quem é esse garoto. [...] Meu pai não contou para a gente, quem contou foi alguém que estava na reunião. Então esse tipo de coisa que ele faz, desprovido de um interesse maior, é que faz dele uma pessoa especial. Eu acho que, por exemplo, a infância dele tem muito a ver com isso. [...] Porque ele foi uma pessoa que passou por muitas dificuldades. Ao mesmo tempo em que eles tinham fartura pelo plantio nos sítios, não tinham absolutamente nada. Saiu no mundo muito novo, teve que enfrentar a vida cedo, com muitos irmãos.

A terceira história é a seguinte:

Acho que [ninguém] tem a vivência que ele [Fernando] tem, a dedicação que ele sempre teve. As histórias que eu escuto... Por exemplo: a Lindaura, que trabalha comigo, depois de muito tempo de amizade chegou e disse: "—Eu quero te contar uma história. Você sabe que o teu pai foi uma pessoa que ajudou muito a minha família?". Eu falei: "—Não. Me conta como foi isso." A mãe dela veio de Alagoas, se não me engano, algum lugar do Nordeste. Chegou aqui, a filha tinha um problema de fratura na bacia. [A mãe] rodou tudo quanto foi canto e ninguém queria operar a menina, que já estava para amputar a perna. Aí indicaram para ela ir lá em casa. Ela ficou esperando papai sair de manhã, falou com ele, ele botou ela dentro do carro e levou para um determinado lugar, não sei se era... na Secretaria de Saúde. E lá na Secretaria de Saúde, ele conseguiu uma vaga no hospital. Ela já tinha ido nesse hospital de traumato-ortopedia, que é o Hospital do Caju, e não tinha vaga. Aí ela voltou com meu pai e trataram ela muito bem e tal. Essa criança ficou lá internada durante um ano. Um ano! É a irmã da Lindaura. Hoje é casada, com filho. E uma coisa que ele se preocupa (que na minha cabeça talvez não passasse, mas passa na dele): na hora que ele deixou a mãe da Lindaura lá com a menina, perguntou se ela não queria almoçar. Aí ela, com vergonha, disse que não, mas não tinha um tostão na bolsa. Aí ele tirou um dinheiro, botou na mão dela e mandou

> ela ir comer alguma coisa. E foi embora. Mas ele não sabia onde ela morava, sabia que vinha do Nordeste — conseqüentemente não era eleitora dele, não ia votar nele. E essa mulher é grata a vida inteira. Ele conversa com a Lindaura mas não sabe quem a Lindaura é. Então, toda a vez que ela conta essa história, ela chora, porque tem verdadeira adoração por ele. E eu convivendo com ela e não sabia disso!

A pouca idade dos personagens imprime às histórias pureza e inocência infantis. Mesmo tendo presenciado o primeiro episódio, Marta era criança, "pequena ainda", só lembrando "dos gritos" do rapaz. As outras histórias também foram testemunhadas por crianças, parentes das pessoas envolvidas: o menino era apenas um bebê na barriga da mãe e a assessora era ainda mais jovem do que a irmã doente. A ausência de malícia desses personagens aproxima os relatos de narrativas míticas. São coisas que "se escuta", como diz Marta.

Todas as histórias são narradas em situações rituais. Aquele que conta chama a atenção do ouvinte para o caráter extraordinário da narrativa: "lembrei de uma coisa importante", "eu queria falar uma coisa" e "eu quero te contar uma história". Estas introduções têm o efeito de marcar a importância daquilo que está para ser narrado. Como na narrativa mítica, o tempo dos eventos cotidianos é suspenso, quebrando o ritmo normal dos acontecimentos.

Todas as histórias falam de personagens cujo estado inicial é desesperadamente doentio, próximo da morte: um rapaz, prestes a ter uma perna amputada, grita de dor; uma mulher grávida pode morrer e perder o filho a qualquer momento; uma mãe, migrante nordestina, pobre e faminta, acompanha a filha ameaçada de perder a perna. O rapaz mora em uma "comunidade carente", e as duas mães são rejeitadas pelos hospitais públicos.

A situação de desespero é interrompida pela intervenção do deputado e de sua esposa. Diante do quadro de doença e morte iminente, eles irão atuar de modo a aliviar a dor, impedir a morte, evitar a mutilação e saciar a fome.

Nos três episódios, Fernando e Teresa superam obstáculos para realizar a cura. No primeiro, a esposa do deputado leva uma médica para aliviar a dor do rapaz. Os gritos vêm de um conjunto habitacional, em uma comunidade carente. É preciso subir e descer escadas. A dificuldade de locomoção reforça a gravidade da situação do menino doente. A carência da comunidade se evidencia pela falta de tratamento médico e de roupas. É noite, e uma noite especial: véspera de Natal, data que simboliza, para os cristãos, o nascimento de Cristo, a celebração da vida, da esperança, momento de festejar e dar presentes. Mas a esposa do deputado não está em uma festa: está na comunidade, ao lado do menino desesperado de dor, providenciando alívio e remédios. Em outras passagens do relato, Teresa volta para casa de madrugada, depois de internar doentes, vestir defuntos, arrumar caixões e enterrar mortos. Seus gestos suspendem ou confortam a carência, a doença e a dor.

Em dois relatos, o pai deputado enfrenta os órgãos públicos e consegue internações. Os hospitais recusam o atendimento, mas Fernando vence os obstáculos dirigindo-se diretamente ao comando desses órgãos. Na segunda história, de acordo com o menino, o deputado "disse para o diretor que [ele] ia operar minha mãe naquela hora". A operação é realizada com sucesso e o bebê e a mãe sobrevivem. No terceiro relato, mãe e filha vão a um hospital e são mandadas embora. Quando retornam ao hospital com Fernando, a hostilidade se transforma em hospitalidade. A menina fica internada um ano e sai curada. Sua mãe, com fome e envergonhada, recebe dinheiro para "comer alguma coisa".

Os problemas de deslocamento também são resolvidos por Fernando e sua esposa: "botou minha mãe dentro de um carro e entrou dentro do hospital" e "botou ela dentro do carro e levou ela para um determinado lugar". No primeiro episódio, Teresa cuidava da perna do menino que estava para ser amputada, em um local onde só havia escadas. Nos três relatos, portanto, o deputado e sua esposa são pessoas que se locomovem, enquanto seus beneficiados estão paralisados. Real e simbolicamente, Fernando e Teresa são capazes de se deslocar em um terreno cheio de obstáculos para os demais.

As pessoas curadas reconhecem, através de sentimentos, o papel do deputado e de sua esposa na obtenção da cura. O rapaz do primeiro relato "até hoje é uma pessoa muito grata", tem "verdadeira adoração" por Teresa. Já o menino, que na época do episódio era ainda um bebê na barriga da mãe, declara a Fernando: "eu tô vivo graças ao senhor." A mãe da menina internada também "é grata a vida inteira".

Esses sentimentos, a princípio individuais, propagam-se pela comunidade, transformando-se em sentimentos coletivos. No primeiro episódio, a adoração do rapaz por Teresa é reforçada pelo comentário: "a maioria das pessoas que moram perto dela tem muita *adoração* por ela, têm muito *respeito* por ela." Além de amplificar o sentimento de adoração (acrescido do respeito), a frase reforça o fato de o trabalho de atendimento ser feito em torno da casa do deputado.

No segundo relato, o reconhecimento da dívida de gratidão é passado de mãe para filho: "porque [para] um garoto de 16 anos ter isso tão forte, tão presente, [a mãe] deve ter colocado isso na cabeça dele." O feito também é divulgado através de outras pessoas. Marta soube por "alguém que estava na reunião". Esse tipo de propagação reaparece no terceiro relato na frase "indicaram para ela ir lá em casa". O sujeito indeterminado representa as pessoas que conheciam a capacidade do deputado de resolver problemas. A indicação é uma forma de reconhecimento coletivo dessa capacidade. A *irmã* da pessoa curada chora quando lembra do episódio, porque "tem verdadeira adoração" pelo deputado. Assim, nos três relatos, os sentimentos daqueles que tiveram seus problemas resolvidos são compartilhados com parentes e também com "a maioria das pessoas", que reconhecem o trabalho de atendimento de Fernando e Teresa.

A associação dos sentimentos de gratidão, adoração e respeito indicam que a comunidade desenvolve uma forte relação afetiva e, de certa forma, de subordinação com o deputado e sua esposa, depois do atendimento. Afirmando sua gratidão, as pessoas reconhecem que receberam o benefício que desejavam. O agradecimento, por isso, transforma-se em adoração, indicando que a concessão do benefício atribui a Fernando e Teresa um caráter extraordinário.

Nos relatos, sugere-se que, uma vez despertados, esses sentimentos são para "a vida inteira". Por exemplo, "até hoje ele tem verdadeira adoração pela minha mãe" e "eu tô vivo graças ao senhor." Os sentimentos não são nem momentâneos nem impulsivos. Pelo contrário, são sinais de reconhecimento duradouro e incondicional.

Em todos os episódios, Fernando e Teresa são considerados pessoas "muito especiais". Por um lado, esse caráter especial resulta da capacidade de resolver todos os problemas, inclusive curando e salvando os doentes da morte. Por outro, os dois também são especiais porque têm um comportamento diferente das pessoas que ocupam posição semelhante à sua. Em todos os relatos, está implícita a comparação entre

Fernando e Teresa Silveira e um deputado e uma esposa de deputado "típicos". Desse modo, as atitudes dos Silveira são ainda mais valorizadas, pois eles não se comportam como se supõe que deputados e suas esposas tradicionalmente se comportem. Vejamos essas suposições.

A primeira é a de que deputados "típicos" têm dinheiro e vida fáceis. Essa suposição vai ser confrontada com o estilo de vida dos Silveira. No primeiro episódio, as atividades de Teresa são valorizadas porque ela trabalhava, costurando para fora, "mesmo sendo esposa de deputado". A justificativa mostra que sua dedicação não corresponde ao que normalmente se supõe ser a rotina de uma esposa de deputado. Teresa é descrita como uma pessoa digna de pena, "coitada", que "já ralou demais", "já fez de tudo na vida" e passa "o ano inteiro" costurando para crianças de uma comunidade carente. Além disso, sai de casa de madrugada e só volta depois de já ter "tudo pronto e resolvido", todos os desesperos confortados. Fernando, como sua esposa, também já passou por "muitas dificuldades". Na infância, muitas vezes não havia nada para comer. Como a mãe da menina doente, o deputado também foi migrante nordestino e "teve que enfrentar a vida muito cedo, com muitos irmãos." Quando ficou sem salário, foi sustentado pela mulher, que trabalhava "ajudando em casa".

As intervenções de Fernando levam a soluções rápidas – qualidade enfatizada pelo uso do carro em dois episódios. Mesmo sem o dinheiro que, supõe-se, deveria acompanhar a posição que ocupam, o deputado e sua esposa doam bens (roupas e dinheiro) aos que necessitam. Portanto, os relatos mostram que — ao contrário do que se espera — Fernando e Teresa trabalham duro, são eficientes, têm em geral pouco dinheiro, mas, quando têm, dão aos mais pobres, revelando desinteresse pelo próprio conforto e pela posse de bens materiais.

A segunda suposição a respeito do comportamento típico de deputados é a de que eles (e, por associação, suas esposas) façam atendimento visando obter votos em troca. Supõe-se também que busquem converter os sentimentos de adoração, gratidão e respeito das pessoas atendidas em dividendos eleitorais. Para que esse tipo de troca aconteça, acredita-se que deputados registrem e divulguem cada atendimento realizado a fim de aumentar seu prestígio e, na hora do voto, cobrar seus préstimos.

Os relatos pretendem mostrar que Fernando e Teresa não se comportam dessa forma; não esperam retribuição pelo atendimento. Apesar da gratidão e do respeito que as pessoas têm por Teresa, ela é "desprovida de vaidade". Por modéstia, não alardeia seu esforço em ajudar o rapaz na véspera do Natal. Quando Marta afirma só lembrar dessa "história importante" por causa dos gritos, está dizendo, implicitamente, que não foi a mãe que lhe contou. Marta também desconhecia os outros dois episódios protagonizados pelo pai. No terceiro relato, a assessora pergunta à Marta: "Você sabe que o teu pai foi uma pessoa que ajudou muito a minha família?" Ela responde: "Não. Me conta como foi isso." Assim, todos os relatos mostram que os atendimentos não foram divulgados, mesmo junto à família. A divulgação seria o procedimento normal de um deputado "típico", mas não de Fernando Silveira, que sequer procura saber quem são as pessoas que atende.

A reação de Fernando e Teresa aos sentimentos que provocam na comunidade constitui um dos pontos centrais dos relatos. No segundo episódio, ele fica "assustado" diante da declaração do menino de que lhe deve a vida. Ao ouvir a história, chora e não consegue mais discursar, comportando-se como se estivesse ouvindo o episódio pela primeira vez. O fato de não se lembrar de um caso tão dramático indica que ele não teve mais qualquer contato com a mulher grávida após atendê-la. Por não pensar em retribuição, o deputado e sua esposa demonstram surpresa diante da expressão dos sentimentos de gratidão. Ele faz o atendimento "desprovido de um interesse maior" e, por isso, é uma "pessoa especial", agindo de forma diversa da que seria esperada de uma pessoa na sua posição.

Todos os relatos mostram que Fernando não teve intenção de ganhar eleitores. No segundo episódio, Marta afirma várias vezes desconhecer o menino e a mãe grávida ajudados por seu pai. No terceiro, havia inclusive uma amizade com a assessora, mas, ainda assim, o caso era desconhecido. O desinteresse de Fernando é tão inesperado que está diretamente associado aos sentimentos de gratidão e adoração da mãe e da irmã da menina internada: "ele não sabia onde ela morava", sabia apenas que "não era eleitora dele"; e essa mulher tornou-se "grata a vida inteira", com "verdadeira adoração por ele".

Fica evidente que um deputado "típico" deveria operar com a lógica da troca do *atendimento* pelo *voto*, mas não Fernando Silveira. Segundo os relatos, a única motivação dos atendimentos praticados por Fernando é a de resolver os problemas das pessoas.

O desprendimento por votos aparece nos três episódios. Em todos, há uma relação direta entre os atendimentos e a ausência de práticas ligadas à política institucional. No primeiro, a ação é situada na "época em que a Assembléia fechou". No segundo, a história se passa em uma reunião ou comício de campanha que é subitamente interrompido pelo menino. No terceiro, a mãe da menina não é eleitora.

Nos três depoimentos, o processo de atendimento se dá em uma mesma seqüência. Inicialmente, há pessoas carentes, sem dinheiro, com problemas graves de saúde. Elas tentam solucioná-los recorrendo a hospitais públicos, gratuitos, mas são rejeitadas. Estabelecem, então, contato com Fernando Silveira, que intervém junto a esses hospitais e obtém o atendimento. No caso resolvido pela esposa do deputado, leva-se uma médica até o paciente. As pessoas têm seus problemas solucionados e recebem dinheiro e roupas, quando necessário, além de ficarem completamente curadas. Em seguida, o deputado e sua esposa saem de cena. As pessoas atendidas expressam seu sentimento eterno de gratidão, adoração e respeito divulgando na comunidade as histórias dos atendimentos recebidos.

Essas histórias se passam em um tempo remoto e são contadas em momentos rituais, que interrompem o ritmo cotidiano. São narrativas míticas, que expressam uma história verdadeira, mas longínqua. Através de uma linguagem simbólica, o mito apresenta o modelo de comportamento que deve moldar as ações tanto do deputado e de sua esposa, quanto das pessoas atendidas (*comunidade*).[1]

No mito, o deputado tem o poder supremo de restabelecer a vida. É capaz de curar, interromper a dor, saciar a fome, estancar o frio. Tem poder porque tem *acesso*, isto é, os meios necessários para percorrer os caminhos que levam à resolução dos problemas.

Este poder se manifesta através da intervenção de Fernando nos órgãos públicos. A autoridade do deputado sobre o diretor do hospital e a Secretaria de Saúde garante vagas, operações, internações, remédios e atenção. Esses órgãos estão sempre de portas abertas para o deputado, mas fechadas para a comunidade. Atendendo as exigências de Fernando, reconhecem sua autoridade.

As pessoas atendidas também reconhecem o poder do deputado. São carentes, pobres, famintas, doentes, desesperadas, à beira da morte. São pessoas simbolicamente amputadas, que não sabem e nem podem andar por conta própria. Diante da intervenção do deputado, que lhes devolve a vida, expressam sentimentos de eterna gratidão, adoração e respeito. As relações entre o deputado e sua comunidade são baseadas na existência de uma autoridade legítima, reconhecida espontânea e duradouramente.

O mundo da *política institucional* é potencialmente poluidor desse relacionamento. É um mundo de ócio, interesses, trocas, imediatismo e dinheiro fácil. No mito, Fernando não age de acordo com essas regras. Ele usufrui de sua posição político-institucional apenas para garantir o atendimento da comunidade pelos órgãos públicos. O afastamento da Assembléia, a interrupção dos comícios e o desinteresse pelo voto atestam a pureza do deputado ao usar sua posição de maneira desinteressada no atendimento aos necessitados.

O mito narra uma situação ideal, desejável — não necessariamente irreal —, em que o deputado tem um poder e uma autoridade legitimados pela comunidade e pelos órgãos públicos. A análise dos relatos não pretende sugerir que os fatos narrados são apenas fantasias, que não ocorreram, e muito menos que os sentimentos presentes não foram autênticos. Seu objetivo é buscar as estruturas narrativas e sua simbologia para melhor compreender o universo estudado.

A narrativa mítica subjacente aos relatos contém os pontos centrais que norteiam a visão de mundo e os ideais de comportamento político dos Silveira. As histórias traçam padrões *ideais*, quadros de referência. Embora eficazes no plano dos valores, não encontram necessariamente uma correspondência prática, como veremos a seguir.[2]

• 2 •

De sindicalista a "político de subúrbio"

Fernando Silveira nasceu no sertão nordestino na década de 1920 para tornar-se, quase 80 anos depois, um recordista de mandatos no Brasil. Sua numerosa família morava em uma fazenda com poucos recursos. No final da década de 30, uma forte seca atingiu a região e Fernando foi obrigado a tentar a sorte numa cidade do litoral. Empregou-se em uma empresa de navegação, passando a trabalhar como moço, marinheiro e mestre de convés. Sua trajetória sofreu a primeira grande mudança em 1945, quando foi eleito representante dos marítimos no porto de Recife. Mais tarde, aos 23 anos, tornou-se primeiro secretário do sindicato nacional, sediado no Rio de Janeiro. Alguns anos depois, elegeu-se presidente do sindicato dos marítimos carioca e conselheiro da Federação Nacional dos Marítimos.

Em 1950, Fernando Silveira mudou-se definitivamente para o Rio de Janeiro, acumulando os cargos no sindicato e na Federação. Foi morar na casa de uma irmã, na Baixada Fluminense, mas logo casou e mudou-se para Roseiral, no subúrbio. O casal, Fernando e Teresa Silveira, comprou então a casa onde mora até hoje, onde nasceram seus dois filhos, Marta e Paulo.

Durante o período em que esteve na presidência do sindicato dos marítimos, Fernando participou de diversas greves. Chegou a ficar dois dias preso, embora considerasse que a posição dos sindicalistas, em sua maioria ligados ao Partido Comunista, estava se tornando cada vez mais "precipitada" e "inoportuna". Terminou por se afastar, passando a atuar somente no Instituto de Aposentadoria e Pensões dos Marítimos (IAPM), inclusive como seu presidente de 1960 a 1962. A presidência do Instituto serviu de base para sua futura eleição, sendo também uma importante fonte de recursos materiais e prestígio político. O cargo lhe dava influência junto ao governo, permitindo que conquistasse promoções para amigos e aliados em vários estágios da carreira pública.[1]

Como sindicalista, Fernando apoiou todos os presidentes do período – Juscelino Kubitschek (PSD, 1956-1960), Jânio Quadros (UDN, 1961) e João Goulart (PTB, 1961-1964). A grande maioria dos membros do sindicato dos marítimos fazia parte da corrente janista, que mais tarde também apoiou João Goulart. Apesar de se considerar "grande amigo" do presidente, Fernando acabou se afastando do governo, em função das crises que se seguiram.

Foi por incentivo de Castro Neves, ex-ministro do trabalho de Jânio, que Fernando deu início à sua primeira campanha para deputado estadual, pelo Partido Socialista Brasileiro (PSB). Concentrou-se na obtenção dos votos dos funcionários do IAPM e dos marítimos aposentados, já que era muito difícil atingir os trabalhadores embarcados, que passavam a maior parte do tempo viajando. Tinha prestígio junto aos aposentados, pois os empregos no Instituto estavam nas mãos de dirigentes sindicais como ele.

No período anterior a 1964, a atuação sindical tinha em geral um caráter populista, dependente do poder público e com baixa capacidade de mobilização. Eram favorecidos sobretudo os sindicalistas que, como Fernando, se dispunham a colaborar com o governo, amenizando conflitos e defendendo uma postura moderada para os trabalhadores. Para manter o controle do sindicato, muitos "pelegos" procuravam acalmar a situação, agradando os sindicalizados com serviços de assistência médica, clubes de recreação etc. Em troca, ganhavam cargos no Ministério do Trabalho ou nos institutos de previdência e, mais tarde, tentavam a carreira parlamentar.[2]

Fernando elegeu-se deputado em 1962 e logo aproximou-se do governo Lacerda, interessado em se beneficiar da política de obras, que era justamente um dos carros-chefes da administração estadual. Ficou amigo de vários secretários de governo, como Rafael de Almeida Magalhães, Célio Borja, Hélio Beltrão e Carlos Flexa Ribeiro que, segundo ele, lhe deram uma "ajuda muito grande".[3]

Depois de eleito, Fernando deixou o IAPM e conseguiu se transferir para o PTB. Saiu do sindicato para se dedicar ao seu bairro, Roseiral, onde havia carência de todo tipo de obras, principalmente de infra-estrutura. Afastou-se completamente do sindicalismo, pois não gostava mais de participar de greves, nem de "agitação". Como deputado, sua política era "construir".

Em 31 de março de 1964, o país sofreu uma grande mudança política com o golpe que depôs o presidente João Goulart e instaurou um regime militar que duraria 21 anos. Nessa ocasião, Fernando estava filiado ao PTB — partido do presidente e da maior parte dos políticos cassados nos meses seguintes. Por seu passado de sindicalista, logo foi chamado a depor. Respondeu com evasivas a várias questões. Ao falar sobre o "governo da Revolução", percebeu que precisava "encontrar uma saída" que não o "comprometesse" ou que pelo menos "poupasse" seu mandato. Encontrou uma "tangente", alegando ignorar se o novo governo ia ser "bom ou ruim", justificando que "não tinha patrimônio nenhum" e "não devia nada a ninguém". Acabou liberado e, mais tarde, tornou-se amigo do general que conduziu o interrogatório.

"As coisas são facilitadas quando você participa do esquema de governo", resume Fernando. Esse é o estilo de sua conduta política. A "Revolução foi boa", diz ele, porque foi possível realizar muitas obras em Roseiral. Para Marta, a época da Revolução foi uma "maravilha", pois "ninguém pedia nada, era só ele reivindicando". Com a ajuda de seus novos aliados, Fernando construiu escolas, delegacias, pavimentou ruas, iluminou bairros e levou o abastecimento de água para Roseiral. As obras tiveram uma repercussão enorme em suas eleições na década de 70. Até hoje, os Silveira orgulham-se por Fernando ter sido considerado "a maior votação concentrada da América Latina".

Fernando reelegeu-se deputado estadual em 1966, já pelo MDB, partido pelo qual seria novamente candidato vitorioso nas eleições de 1970, 1974 e 1978. No período entre 1966 e 1982, o Estado da Guanabara (e, depois da fusão, o Estado do Rio de Janeiro) foi marcado pelo fenômeno político conhecido como "chaguismo", referência ao poder exercido por Chagas Freitas, duas vezes governador (1970-1974 e 1979-1982). Foram realizadas muitas obras na cidade e em todo o Estado do Rio de Janeiro, característica que agradava ao deputado Fernando Silveira, considerado um dos membros do grupo chaguista.[4]

As maiores votações de Fernando antes de 1982 são justamente nas eleições de 1970, 1974 e 1978, quando o grupo chaguista praticamente dominou a assembléia estadual do estado da Guanabara, depois Rio de Janeiro. Este é também o período das "vagas gordas" para a família Silveira. Dificilmente um deputado estadual do MDB, com votação concentrada num subúrbio da cidade, poderia ter tido tanto sucesso se não pertencesse ao grupo chaguista. Uma das características desses parlamentares era justamente a votação concentrada nas áreas norte e suburbana da cidade.

Desde seu primeiro governo, Chagas havia montado uma "máquina política", estabelecendo um sistema de alianças, que envolvia benefícios materiais em troca de apoio eleitoral. Entre outras coisas, os parlamentares integrantes desse "esquema político" recebiam do governo a prerrogativa de nomear seus aliados para diversos cargos administrativos relativos às suas áreas de atuação. Além de deter o controle das Regiões Administrativas, deputados estaduais e vereadores influenciavam as decisões de várias secretarias e órgãos estaduais, principalmente aqueles ligados à execução de obras e fiscalizações. Fernando ficou responsável pela R.A. da sua região, nomeando seu filho mais velho como administrador.

Mesmo durante o intervalo entre os dois mandatos como governador, a "máquina política" de Chagas continuou forte, influenciando muitas decisões da administração estadual e das instâncias partidárias. Desde que obteve milhares de filiações, em 1970, Chagas manteve seus aliados no domínio de praticamente todos os diretórios regionais do MDB, inclusive Fernando. Um de seus assessores mais antigos conta que toda a sua família era parte do diretório municipal de Roseiral, votando conforme os interesses dos Silveira.[5]

Por isso, Miro Teixeira tem grande prestígio junto à família Silveira. A aliança estabeleceu-se na época áurea do chaguismo (1966-1978), fortalecendo-se durante a crise provocada pelo "fenômeno" Brizola, eleito governador em 1982. Em troca do apoio do governo estadual, Fernando apoiava Miro nas eleições federais. Em 1982, este acabou perdendo o governo do Estado para Leonel Brizola, do PDT. Fernando também não se elegeu, mas foi recompensado por sua lealdade. Miro conseguiu colocá-lo na administração pública, levando-o para seu novo partido, PDT, e ajudando-o a se reeleger na eleição seguinte.

"Político de subúrbio"

Fernando se auto-define como um "político de subúrbio". Suas conquistas derivam de seu trabalho como intermediário na realização de obras na região de Roseiral. Suas expressivas votações foram alcançadas através do atendimento aos moradores dos conjuntos habitacionais da área. Além de obter melhorias urbanas para os condomínios, através do poder público, Fernando também fornecia aos moradores materiais de construção para reformar os prédios, utilizando recursos próprios ou de empresários amigos.

Como deputado, Fernando nunca se destacou, nem pela presença no Plenário nem pelos projetos que apresentou. Segundo ele próprio, seu projeto mais importante é o que obriga o poder público a garantir uma série de benefícios aos conjuntos habitacionais, como áreas de lazer, assistência médica e social. Embora aprovado e sancionado, nunca foi cumprido. Entre os outros projetos que apresentou, há o que prevê a transferência da Rodoviária Novo Rio para um terreno na Avenida Brasil, perto de Roseiral, e um outro, ainda em tramitação, que propõe a criação de um terminal de carga e descarga na Rodovia Washington Luís.

Além de obras de iluminação, pavimentação e abastecimento, Fernando sempre buscou garantir serviços de manutenção nos bairros da região. Marta diz que o pai "dá o maior valor" à resolução de problemas, como "limpar o ralo da porta de casa", "varrer ruas" ou "consertar um cano estourado". A construção de praças também é valorizada por Fernando e sua família. Em Roseiral, muitas foram construídas com dinheiro da iniciativa privada, através da ajuda de empreiteiros e aliados. Depois, conseguia-se dinheiro junto ao poder público para iluminar, cercar e fazer melhorias. O próprio Fernando, segundo sua filha, ajudava a plantar e regar os jardins.

Outra prática de Fernando, associada a seu estilo de "político de subúrbio", era o atendimento aos alunos que não conseguiam vagas nas escolas da rede pública. Através de seus contatos com diretores e administradores dos estabelecimentos de ensino, o deputado tinha acesso às vagas ociosas, conseguindo, assim, encaminhar os alunos que o procuravam. Para esse tipo de atendimento, Fernando mantinha um escritório em Roseiral, onde recebia os pedidos dos moradores da região. A maior parte do serviço competia aos funcionários. Sua filha lembra que o pai quase não ia ao escritório, preferindo atender na "porta de casa". Isso era "inevitável", como o próprio Fernando explica, pois "político de subúrbio é político de interior, de província. Na medida em que você atende um caso, abre espaço para outro adotar o mesmo pedido."

Fernando distribuía os cargos de que dispunha na Assembléia entre seus filhos, netos e parentes em geral, contratando também pessoas ligadas a seus aliados políticos. Achava "natural" que os filhos seguissem seus passos ocupando cargos e candidatando-se a mandatos eletivos. Mesmo sendo funcionária do Movimento Brasileiro de Alfabetização (Mobral), Marta ganhou um cargo no gabinete do pai por volta de 1978, dois anos antes de se formar em psicologia. Pouco depois, passou a ser funcionária efetiva da Assembléia Legislativa, sendo nomeada através de um amigo de seu pai. A estratégia entre os deputados era a de trocar indicações entre si para não caracterizar a prática de nepotismo.

A pressão para que Marta se integrasse às atividades políticas da família começou nessa época. Vários amigos assediavam seu pai para lançá-la candidata, mas ela própria conta que não considerava a hipótese de se candidatar, porque não queria ter a "vida que o pai tinha". Segundo Marta, sua recusa provocava um certo "inconformismo" por parte dos amigos e da família. Seu irmão já tinha se candidatado diversas vezes, mas os aliados de Fernando preferiam que fosse ela sua herdeira política.

De fato, o filho mais velho de Fernando Silveira, Paulo, tentava se eleger sem sucesso. Ele já havia assumido diversos cargos de caráter político por influência do pai. Advogado, casado e pai de dois filhos, Paulo foi administrador regional e presidente da Associação Comercial e Industrial de um bairro próximo a Roseiral. Por volta de 1984, tornou-se vice-diretor de obras da CEHAB, empresa estadual ligada à área de habitação. Em 1982, candidatou-se a deputado federal pela primeira vez, sendo derrotado nessa e em sucessivas oportunidades. Em 1998, conseguiu seu primeiro mandato, elegendo-se deputado federal.

A eleição perdida

Em 1982, Fernando sofreu sua primeira derrota eleitoral. Segundo sua filha, esse foi um período difícil, de muito sofrimento. A perda da eleição causou uma queda na renda familiar. Fernando perdeu o salário de deputado e passou a viver da aposentadoria pública. Marta estava separada e tinha voltado a morar com os pais, ajudando a "manter a casa", pois a família começou a "passar dificuldades". Além da renda, Fernando perdeu também o gabinete de trabalho na Assembléia, que ocupava havia quase 20 anos.

A derrota na eleição em 1982 afetou a rede de amizades da família Silveira. Marta lembra que as pessoas se afastavam. Diminuíram os presentes e até os cartões de Natal. Para ela, a perda do mandato causava danos materiais e, sobretudo, simbólicos. Seu pai voltava a ser apenas uma "pessoa comum", sem poder. Ainda pior do que perder cargo, poder e salário era saber que "o povo não o queria mais como representante".

Sem mandato, gabinete ou salário, Fernando acabou fechando o escritório de atendimento aos moradores de Roseiral. Não sendo mais deputado, não podia mais cobrar nada — "aquilo tudo cessa", ele diz. Era praticamente impossível conseguir alguma coisa dos órgãos públicos, segundo alguns assessores antigos da família. Cláudio conta que "de 1982 a 1986, houve abandono. Pedíamos mas não tínhamos a força política para fazer executar." André comenta que "foi uma época difícil". Sem um representante na Assembléia, a equipe não tinha apoio "nem do estado, nem da prefeitura". Só parlamentares eram atendidos pelos órgãos públicos.

Para o deputado, sua derrota era um "castigo" dos eleitores, seduzidos pela "febre Brizola". O eleitor votava em "qualquer um que estivesse no partido do Brizola", bastava entregar o santinho, lembra Fernando. Aquela era a primeira eleição após a volta do multipartidarismo. Entre outras coisas, a nova legislação eleitoral havia estabelecido o voto vinculado, que obrigava o eleitor a votar em candidatos de uma só legenda para todos os níveis. Desde 1979, muitos políticos cassados pelo regime militar estavam voltando ao Brasil e retomando sua participação na vida política nacional. Dentre eles estava Leonel Brizola, que, após uma tentativa fracassada de retomar a legenda de seu antigo partido, o PTB, fundou o Partido Democrático Trabalhista (PDT). Brizola acabou sendo o "fenômeno" eleitoral de 1982 no Rio de Janeiro, elegendo-se governador e garantindo a maior parte das bancadas para os legislativos estadual e federal. O candidato ao governo pelo PMDB, partido de Fernando, era Miro Teixeira, que obteve o terceiro lugar.

A perda da eleição de 1982 foi um choque para toda a equipe de Fernando Silveira. Ninguém esperava um resultado ruim porque de 1978 a 1982 Fernando tinha realizado muitas obras e conseguido empregos para seus aliados. Além da "febre Brizola", porém, havia um fator "doméstico" entre as causas da derrota. Naquele ano, Paulo Silveira resolveu se candidatar a deputado federal e Fernando precisou manter o vínculo com o filho, apesar das desvantagens que isso representava nas urnas. A aliança era prejudicial porque Paulo não tinha apenas poucos eleitores, mas também um estilo político duvidoso. Um ex-assessor explica: "Paulo tinha muitas pendências. Prometia emprego, falava que ia fazer... Isso criou uma imagem negativa."

Apesar das desvantagens, Fernando Silveira preferiu se aliar ao filho do que aumentar suas chances eleitorais associando-se a outros candidatos. Sua atitude foi coerente com a postura que sempre adotou em relação à família, procurando garantir aos parentes e amigos mais próximos estabilidade financeira através de cargos conseguidos por influência de seus mandatos.

A primeira atividade de Fernando após deixar a Assembléia foi no interior de São Paulo, trabalhando com um primo em uma empresa de engenharia civil. O trabalho não durou muito pois logo foi chamado de volta ao Rio para ingressar na nova administração estadual. Através de Miro Teixeira, o PDT, partido do governador Brizola, acabou fazendo um acordo com o PMDB para governar o Estado. A aliança proporcionava estabilidade ao governo recém-eleito, que chegava ao poder sem quadros para preencher os cargos disponíveis. Além disso, a composição era vital porque muitos políticos, como Fernando, haviam perdido suas posições e, como explica um antigo e experiente assessor dos Silveira, "político não pode ficar sem gabinete e sem poder, mesmo que seja um poder abaixo do que ele quer."

Por influência de Miro Teixeira, Fernando se tornou diretor financeiro da CEHAB, e seu filho Paulo, vice-diretor e, mais tarde, diretor de obras na mesma empresa. Horácio era funcionário do Estado e conheceu Fernando justamente durante o período em que este ocupou a direção financeira da CEHAB. Admirava a lisura de sua administração e o ajudava fornecendo informações sobre o funcionamento da empresa. Apesar de o governador ter proibido novas contratações, um dos assessores de Fernando lembra que ele cadastrou "um monte de gente", prometendo cargos para quando surgissem vagas. Essa era uma maneira de as pessoas lhe ficarem "devendo favor". De vez em quando, conseguia admitir um ou outro, apesar de vários setores da empresa estarem sendo fechados. Marta lembra que muitos estavam desesperados por perder o emprego: havia "choros, gritos e tentativas de suicídio", ela diz. Fernando fazia política com os funcionários, defendendo-os na medida do possível. Ainda assim, deixou a empresa reconhecido como um administrador sério, que não aceitava chantagem dos fornecedores, nem desvios financeiros.

Algum tempo depois, por intermédio de outro político amigo, Fernando foi transferido para uma agência carioca na área da administração federal. Ficou sem mandato, mas não sem o apoio e a solidariedade dos antigos aliados. Essas alianças mantiveram a sua identidade de "político". Os cargos não eram tão importantes quanto o mandato conquistado por votos, mas permitiam que ele permanecesse atuante na vida pública. Seu principal objetivo, agora, era voltar à Assembléia.

· 3 ·

De "filha de deputado" a herdeira política

Marta nasceu em Roseiral, em meados da década de 50, filha da professora Teresa e do deputado Fernando Silveira. Durante a infância, participava das campanhas do pai, mas não demonstrava interesse pela política. Fernando preferia assim, e não discutia o que se passava na Assembléia com os filhos. Teresa era o braço direito do marido e uma das principais responsáveis por suas campanhas. De vez em quando, Marta acompanhava fazendo discursos e pedindo votos para o pai, e gostava muito de receber aplausos.

O fato de ter um pai deputado marcou a infância e a adolescência de Marta. Muitas vezes, ela se refere a si própria como a "filha do deputado". A identidade lhe dava prestígio e reconhecimento. Sua família estava acostumada a receber cartões, cestas, caixas de bebidas e presentes. Marta lembra as vantagens de ser filha de deputado:

> O lado bom era o "paparico" das pessoas. Você se acostuma. É igual ao puxa-saco: aquele cara que a toda hora pergunta se você quer água, se você quer café, se você quer não-sei-o-quê. E quando aquele cara não está por perto, você termina sentindo falta de alguém que te dê água, café e tal. Era bom as festas que a gente tinha oportunidade de ir, como desfile de carnaval; a gente ganhava ingresso.

Apesar das vantagens, Marta não lembra a infância como um período fácil de sua vida. Ao contrário, a maior parte de suas memórias remete à imagem de uma vida difícil e sacrificada. Havia dificuldades financeiras e seu padrão econômico era inferior ao das pessoas "ricas" com quem convivia. "Eu tinha o título e o status, mas não tinha de fato", lembra. Apesar de estudar em uma escola "de muito bom padrão para o subúrbio", ela se ressentia por não ter as mesmas condições econômicas de seus amigos. Conta que ficou profundamente irritada porque chegou a ter cadernos feitos de sobras de papel amarradas com barbante, muito diferentes dos das outras crianças.[1]

Ainda hoje, ela rebate insinuações sobre a sua situação financeira: "Eu hoje estava brincando dizendo que ia fazer uma rifa pra cobrir minha conta, e eles [os vereadores] acham que é uma grande gozação, porque eu sou filha de um deputado. Sou vereadora e tenho um pai deputado: então era pra ter dinheiro!"

Além de sofrer restrições financeiras, Marta foi criada "muito presa" pelos pais. Na adolescência, namorava escondido e não podia sair sozinha. Sua vida girava em torno dos amigos do bairro e, mais tarde, do noivo. Foi justamente nesse período que a identidade de *filha de deputado* começou a incomodá-la. Desde criança, ela achava o pai tenso e irritado. Com exceção dos períodos de campanha, Fernando não permitia que os membros da família participassem de suas atividades políticas. Marta nem pensava em seguir a atividade do pai: "Não, Deus me livre! Não me passava pela cabeça. A única coisa que eu não queria na vida era ser política, para que eu não tivesse a vida que meu pai tinha."

Quando terminou o segundo grau, Marta foi estudar psicologia em uma universidade particular na Zona Norte da cidade. Estagiou em uma clínica psiquiátrica na Zona Oeste, lidando com deficientes visuais. Adorava a faculdade e o estágio: "Curtia muito a minha profissão. Estudava muito." Em 1978, conseguiu comprar o primeiro carro, tornando-se "independente". Queria trabalhar, ganhar seu próprio dinheiro e pagar a faculdade: "Comprei um carro e ganhei o mundo. Foi a melhor fase da minha vida", ela lembra.

Depois de formada, Marta fez um ano de residência em um hospital e um curso de especialização em sexualidade humana, na mesma universidade em que se graduou. Em 1980, ano de sua formatura, conseguiu emprego, através de um amigo, como técnica da gerência de saúde do Mobral, onde trabalharia por oito anos. Nesse período, realizou diversas viagens por estados brasileiros, treinando profissionais e dando aulas nas áreas de reprodução humana, controle familiar e higiene. Em geral, viajava para lugares inóspitos, longe dos centros urbanos, acompanhando, como técnica do Mobral, as chamadas ações cívico-sociais do Exército.[2]

Pela primeira vez longe da família e acostumada à vida na cidade, Marta lembra como eram difíceis as viagens para o interior, para regiões subdesenvolvidas. Desde pequena, fora "muito paparicada" pela mãe e, principalmente, pelo pai. Agora, no Mobral, precisava tomar decisões e resolver problemas por conta própria. Apesar do medo e da insegurança, deu-se conta de que já era adulta: "No momento em que eu podia correr para debaixo da asa da minha mãe, resolvi enfrentar e ficar. Era um mundo novo para quem não podia sair sozinha."

Além da liberdade e das descobertas pessoais, Marta valoriza o trabalho no Mobral como um período de crescimento profissional. Era seu primeiro emprego e também uma oportunidade de aplicar o conhecimento adquirido na faculdade. Ela participava de um convênio entre o Mobral e a CNBB para levar noções de planejamento familiar ao interior do país. Durante um ano, colaborou na elaboração de material didático sobre o tema. Depois, viajou ministrando treinamento para outros agentes de saúde ou diretamente para a população.

> Tinha uma preguiça para levantar para o hasteamento da bandeira, às 6 horas da manhã. Eu pedia para dizer que estava doente, com febre, porque ficava preparando o material de treinamento até a madrugada e vinha aquela corneta no meu ouvido. O sargento dizia: "Professora, a senhora tem que ir com a gente. Eles só vão hastear quando a senhora chegar. A senhora é a autoridade daqui." E lá ia eu. Foi uma experiência fabulosa, fabulosa mesmo.

Durante os treinamentos, Marta era a "autoridade", a "professora". O fato de saber mais, de ser capaz de ensinar, lhe conferia um status elevado dentro do grupo que participava das ações cívico-sociais. Era a primeira vez que se sentia "adulta", como afirmou, e também uma "autoridade" por conta própria, independentemente da posição de seu pai.

O Mobral proporcionou a Marta desenvolvimento profissional e uma certa autonomia financeira. O trabalho também lhe dava a oportunidade de viajar, uma das coisas de que mais gostava. Conheceu vários estados brasileiros e ganhou uma bolsa para ir ao México e à Colômbia a trabalho.

As viagens eram também um meio de se liberar da vigilância paterna. No Mobral, Marta conquistou sua própria identidade. Tinha saído de debaixo da "asa" da mãe e não era conhecida como *filha de deputado*. No trabalho, era uma *técnica*, uma *professora* e até uma *autoridade*. Ela própria explica a importância de seu trabalho no Mobral: "Era uma coisa que eu tinha conseguido por mim mesma. Ninguém me deu."

A herdeira

A trajetória de Marta sofreu uma reviravolta com a não-reeleição de seu pai em 1982. Nesse ano, ela também viveu um drama pessoal com a separação do marido, já grávida de seu primeiro (e único) filho. Voltou para a casa dos pais, assumiu uma série de despesas da família e acabou abandonando o projeto de uma carreira profissional independente. Desligou-se definitivamente do Mobral em 1987.

A perda do mandato de Fernando representa também o momento em que Marta muda o rumo de sua própria vida, dando os primeiros passos em sua futura carreira política. "Traumatizada" com a derrota do pai, resolveu ajudá-lo a se reeleger, dois anos depois. Ela não se conformou com as conseqüências dessa perda para o cotidiano e a identidade de deputado — que eram de Fernando, mas também de toda a família. "Eu botei na minha cabeça que ia dar a minha última gota para ele ganhar a eleição, [...] ele tinha que ser reeleito. Eu tinha que ganhar essa eleição de qualquer maneira, mas eu não sabia muito bem como."

Em maio de 1986, Marta teve a idéia de abrir um posto de recadastramento eleitoral na casa de seu pai. Naquele ano de eleição, haveria uma revisão geral nos títulos eleitorais, e o Tribunal Eleitoral precisava de voluntários para abrir novos postos de recadastramento. Essa era uma ótima oportunidade de retomar o contato com os eleitores. Muitos candidatos tiveram a mesma idéia, mas o posto foi aberto na casa dos Silveira.

Todos queriam usar o recadastramento para dar início à campanha o mais cedo possível. A competição era forte, mas naquele momento ninguém era oficialmente candidato. Apesar de descontentes, os adversários não podiam impedir que Marta abrisse o posto, ainda que, oficiosamente, Fernando já estivesse em campanha.

O posto era no primeiro andar da casa da família, chegando a funcionar ininterruptamente para atender as pessoas que trabalhavam fora e não podiam se recadastrar durante o dia. Fernando não precisava de muito esforço para manter contato com seus futuros eleitores. Ele ficava no banco da praça, e as pessoas sentavam para conversar. Enquanto isso, os Silveira faziam um cadastramento paralelo de todos os eleitores, formando um grande banco de dados com nomes e endereços dos moradores de Roseiral e redondezas.

Alguns meses antes das eleições de 1986, um grupo de seis pessoas começou a se reunir com Marta para planejar a campanha de reeleição de Fernando. A montagem do posto de recadastramento tinha sido uma estratégia importante, mas era preciso entrar em contato com um número maior de pessoas. A primeira idéia foi bater de porta em porta pelas ruas de Roseiral coletando informações sobre os moradores (nome, endereço, preferência política etc.). A estratégia não deu certo porque, segundo os que trabalharam nesse processo, os moradores não gostavam da abordagem, nem de "falar de política".

A idéia de fazer um "questionário" (ou uma "pesquisa") surgiu da experiência profissional de Marta no Mobral. Ao invés de falar diretamente de política, a equipe de campanha abordava as pessoas com perguntas a respeito da qualidade de vida do bairro e dos problemas urbanos. Depois perguntavam se a pessoa conhecia o deputado Fernando Silveira e o que achava dele. Nessa hora, aproveitavam para contar as benfeitorias que Fernando tinha trazido para a região durante os mandatos anteriores e mostrar o quanto esse trabalho estava fazendo falta. Só ao final, pedia-se os dados dos entrevistados e, caso houvesse simpatia, perguntava-se se aceitariam colocar uma propaganda de Fernando em sua casa na época das eleições.

Quando chegou a época de campanha propriamente dita, Marta já tinha mapeado as casas que aceitavam propaganda e os moradores que queriam participar de reuniões com Fernando. Através desse sistema, foram visitadas de dez a 15 mil residências. Ao todo, a equipe fazia seis contatos, pessoalmente ou por carta, com cada residência antes da eleição. O primeiro era a pesquisa. Se o contato fosse bem sucedido, o morador recebia uma carta agradecendo a atenção dispensada. Cerca de dois meses antes da eleição, a equipe ia nas casas colocar propaganda. Depois, mandava-se uma nova carta agradecendo àqueles que haviam aceitado a colocação de cartazes. Na reta final, os cabos-eleitorais iam de casa em casa entregando porta-títulos, cédulas e santinhos e enviavam, ainda, uma última carta de Fernando.

A equipe inicial de Marta era formada por seis voluntários, que começaram a se aproximar da família na época do recadastramento. Segundo Cláudio, eram apenas "amadores da política". O deputado vinha de uma derrota e não tinha condições de remunerá-los nem de financiar uma campanha. Todos os que participaram dessa pesquisa de 1986 enfatizam que o grupo era muito unido, trabalhando "pela volta de Fernando Silveira". A reeleição se tornou uma "questão de honra" para a equipe.

O sistema de pesquisa criado por Marta era uma maneira de fazer campanha "sem mandato", "sem dinheiro" e "sem a máquina". Além da resistência do eleitorado, Marta também precisou enfrentar a competição de outros candidatos. Os adversários tentavam imitar o sistema de pesquisa e assediavam sua equipe. Em algumas ocasiões, recorriam ao confronto direto, através de panfletos e mesmo de alguma violência. Certa vez, a equipe foi cercada por assessores de outro candidato, de "arma em punho", lembra André. A orientação era não reagir.

Com a proximidade das eleições, houve necessidade de contratar mais pessoas. Parte dos recursos vinha de vínculos estabelecidos antes de 1982. Candidatos à Câmara Federal ajudavam a pagar pequenas despesas. O material de propaganda, segundo Fernando, foi doado por "pessoas de seu conhecimento", em função de seu "passado de realizações". Esse mesmo passado também motivava assessores como André, para quem o trabalho voluntário era um "reconhecimento" pelos "favores" que sua família devia aos Silveira.

Alguns, por outro lado, trabalhavam visando recompensas futuras. No caso do assessor Anderson e de vários parentes seus, por exemplo, havia um "acordo político". As pessoas trabalhavam de graça, mas o político retribuiria depois de eleito. A retribuição podia ser a nomeação para um cargo comissionado ou mesmo a efetivação nos quadros da administração pública.

O pleito de 1986 foi um sucesso. Fernando foi eleito com uma votação "belíssima" e "sem gastar muito dinheiro", conta Marta. Para ela, os eleitores mostraram seu "arrependimento" pela derrota de 1982. A vitória foi também um alívio: "Eu não podia me dar o direito de errar. Senti muito o peso da responsabilidade de elegê-lo", diz ela. Cláudio lembra que, quando a apuração dos votos confirmou a reeleição, o grupo entrou numa verdadeira "histeria coletiva". Durante um mês, saíam todas as noites para comemorar a vitória.

Na memória de Marta e de seus assessores, a campanha de 1986 foi um momento especial porque eles reconquistaram o mandato de Fernando sem se contaminar com a "política". Os adversários — esses sim, envolvidos com a política — são como bandidos, capazes de copiar, aliciar e cometer atos de violência. A política é associada ao dinheiro, à "máquina", ao "poder", aos comícios, e ninguém ligado a Fernando Silveira precisou recorrer a esses expedientes. A campanha foi barata, não havia mandato e os funcionários trabalharam de graça, por uma "questão de honra". Não era um esforço para convencer os eleitores a votarem em Fernando, mas apenas um modo de levá-los a perceber seu "arrependimento".

Desde 1986, todos que entram na equipe da família Silveira ouvem falar dessa campanha como uma história exemplar de sucesso de Marta. O ciclo 1982-86 marca sua entrada na política. Partindo de um fracasso para uma grande vitória, ela começa a construir a sua condição de *herdeira* de Fernando. As experiências vividas nesse percurso lhe ensinam as regras do jogo político. O *timing*, a equipe, os eleitores, os adversários, as reuniões passam a fazer parte das preocupações de seu dia-a-dia.

O "retorno" aos eleitores

A primeira medida tomada por Marta depois da eleição foi voltar à casa dos eleitores para agradecer o voto. Além disso, decidiu reorganizar a estrutura de trabalho de Fernando. Antes de sua entrada na campanha, quase todo o trabalho era feito na casa dos pais. No escritório que existia antes de 1982, o atendimento à população era atribuição dos funcionários. Quando a eleição acabou, Marta achou necessário "retribuir de alguma forma" a votação recebida por Fernando. O escritório foi reaberto e ela assumiu pessoalmente o atendimento à população.

Como principal condutora do processo que levou o pai de volta ao gabinete, Marta tinha agora autoridade para criticar a maneira como Fernando havia organizado seu trabalho de atendimento. Contratar funcionários? Atender na porta de casa? Tudo isso lhe pareceu pouco eficiente para satisfazer o eleitor: ele "não quer falar com funcionário e sim com o político", teoriza. No novo escritório, as pessoas iam encontrar não apenas a *filha* do deputado, mas também a *psicóloga* preocupada em criar um espaço para os eleitores "sentarem e relatarem as suas questões". A descrição, semelhante à de um consultório de psicanálise, reforça o aspecto profissional que Marta procurou imprimir ao trabalho de atendimento. Como havia feito na organização dos questionários de campanha, ela aproveitou sua experiência no Mobral na nova posição.

Marta assume a condição de *filha de deputado* em outro patamar. Além de filha, ela era também a *psicóloga* que, profissionalmente, podia contribuir para melhorar a relação de Fernando com os eleitores. Sua presença conferia "credibilidade" ao atendimento e era "a forma mais justa" de dar um retorno aos eleitores. Além disso, trabalhar no escritório era uma atividade que lhe proporcionava prazer: "Curti pra caramba. Achava o máximo você poder resolver problemas que as pessoas sozinhas não conseguem resolver. Isso é uma coisa que eu curto muito. Talvez seja uma vaidade que eu tenho."

Marta era muito mais do que uma "assessora". Sempre em evidência, aos poucos, ela ia se tornando conhecida por eleitores e aliados políticos de Fernando. Começava a se tornar sua herdeira legítima. O deputado, por sua vez, tinha todo o interesse em transferir a rotina de atendimento para a filha, delegando a ela a "liderança da região". A transmissão do patrimônio eleitoral é muito importante, como o próprio Fernando explica: "O meu objetivo é que Marta apareça. Quero dar a ela uma liderança forte, porque eu estou em final de carreira. Tenho que passar o bastão para ela mesmo. É quem tem condições, encampa e se dedica. Isso é o fundamental da política."

• 4 •

Tornando-se vereadora

Mesmo trabalhando com o pai, Marta Silveira não pensava em se candidatar. Sabia que sondavam Fernando, mas preferia se manter longe das campanhas. Desde o início da década de 1980, havia propostas para lançar sua candidatura, mas acreditava que o trabalho no escritório do pai seria temporário — até "preparar alguém pra me substituir", diz ela. Mas não foi o que aconteceu.

Em 1990, Marta coordenou novamente a campanha que reelegeu Fernando. A votação não foi tão expressiva quanto a da eleição anterior, mas a presença de Marta como substituta de Fernando foi ainda mais evidente do que em 1986. Segundo vários assessores, o deputado resolveu fazer campanha no interior do Estado e quase não ficava em Roseiral. A vitória foi apertada e a maior parte dos votos veio justamente dos bairros do subúrbio, onde Marta concentrava seu trabalho.

Dois anos depois dessa eleição, Marta relembra uma audiência com o então prefeito da cidade, Marcelo Alencar, na qual acompanhou o pai. Vale a pena ler essa narrativa, espontânea, na íntegra:

> Em 1992, ele [Fernando] tinha um compromisso, com alguns moradores de determinadas ruas, de fazer iluminação, o que ele não tinha conseguido fazer em 1982. Aí eu fui com ele pedir ao prefeito, na época, Marcelo Alencar, que desse a ele a iluminação dessas ruas. O prefeito disse que tudo bem e tal, mas queria saber quem na área era candidato do partido dele. Não tinha ninguém candidato. Faltavam mais ou menos três meses para as eleições. Eu comecei a argumentar com ele que não havia tido nenhum investimento nessa região pela Prefeitura. Ele não acreditou. Ligou para vários lugares e descobriu que realmente não tinha tido nenhum investimento. Na verdade,

> de 1982 até 1986, a comunidade ficou muito abandonada, porque ninguém estava a fim de fazer as loucuras que meu pai fazia: correr atrás das coisas, brigar pela comunidade.
>
> Então, o prefeito disse que queria alguém do partido dele para candidato. Meu pai falou: "ah, tá bem, a gente arranja alguém". E ele [Marcelo Alencar] sugeriu que fosse o meu nome. Meu pai não pensou duas vezes: "Tudo bem, não tem problema não. Ela sai candidata." Eu sentada do lado. Ninguém me perguntou nada! Ninguém perguntou minha opinião.
>
> Quando eu saí do gabinete do prefeito, virei para ele [Fernando] e disse que ele estava louco, que nem material de propaganda eu tinha. Como eu ia ser candidata? Aí ele disse pra mim: "Eu não estou nem um pouco preocupado se você vai ganhar a eleição ou não. Eu preciso iluminar essas ruas, que eu já tinha prometido há muito tempo." Voltei, fui para o escritório — eu já tinha o escritório na época, porque eu cuidava das coisas —, reuni meu pessoal e disse: "Olha, sou candidata e não vou entrar nessa briga para perder."

A primeira parte do relato narra a negociação entre Fernando Silveira e o prefeito. Marta está ali acompanhando o pai na dupla condição de assessora e filha. Recentemente Fernando havia se transferido para o partido do prefeito, o PDT. A mudança tinha ocorrido a convite do então presidente do partido, Leonel Brizola. Segundo Fernando, convidaram-no porque precisavam de "alguém com voto". Assim, ele inicia sua conversa com o prefeito na posição de aliado-que-tem-votos. Alencar demonstra saber disso, pois, diante do pedido de iluminação das ruas, pede em troca justamente os votos de Fernando. A eleição seguinte seria municipal. Um candidato a vereador que recebesse seu apoio na região de Roseiral teria boas chances de, mesmo não se elegendo, angariar votos para o candidato a prefeito do partido. Essa era a intenção de Marcelo Alencar quando perguntou ao deputado "quem na área era candidato do partido dele". Pedir a Fernando que apoiasse um candidato a vereador era também uma forma de garantir o envolvimento do deputado na campanha do partido naquele ano. A preocupação do prefeito procedia, pois Fernando não tinha se aliado a ninguém do partido até então.

O poder de negociação dos dois protagonistas é bem diferenciado. A força do prefeito diante de Fernando fica evidente se observarmos alguns detalhes da narrativa. Em primeiro lugar, é Fernando quem vai até o prefeito fazer um pedido porque, apesar de deputado, não conseguiu que algumas ruas fossem iluminadas. A reunião se passa dentro da Prefeitura e Marcelo Alencar conduz o ritmo e estabelece o teor da conversa. O poder de direcionar os investimentos, dos quais Fernando precisa para cumprir sua promessa aos eleitores, está nas mãos do prefeito. A princípio, Marta relata que Alencar respondeu "tudo bem" ao pedido. No entanto, logo depois, ele pergunta quem é o candidato da área. Marta precisa "argumentar" que a região está abandonada, sem investimentos. O prefeito não se satisfaz com suas explicações e só acredita após ligar para "vários lugares". Nessa parte da negociação, vemos que, apesar do seu "tudo bem", o prefeito ainda não cedeu. A condição para que as ruas sejam iluminadas vem a seguir: "Então, o prefeito disse que queria alguém do partido dele para candidato." No lugar da pergunta quase curiosa do início da conversa, agora o prefeito explicita: em troca da iluminação, *quer* um candidato (ou melhor, a campanha/os votos que esse candidato fará/trará para seu partido).

A posição de Fernando diante das exigências, dúvidas e desconfianças do prefeito é frágil, mas esse desequilíbrio vai sendo compensado ao longo da conversa. Em pelo menos dois momentos da barganha, vemos que os personagens tentam dar maior eqüidade às posições dos participantes. Primeiro, Marta procura valorizar a posição do pai, mostrando que o subúrbio foi abandonado nos anos em que ele ficou sem mandato. Ela argumenta que ninguém (isto é, nenhum deputado) lutava pela região como Fernando e, por isso, a Prefeitura não fazia investimentos. Não por acaso, localiza todos os problemas justamente no período 1982-86 — os anos sem-mandato de Fernando. O "compromisso" com os moradores era de 1982, e a comunidade tinha ficado "muito abandonada" nesse período. No entanto, essa conversa se passa dez anos depois da promessa aos moradores e pelo menos seis após o "abandono" da região. Em 1992, Fernando já voltara a ser deputado há seis anos, com as eleições de 1986 e 1990. A omissão desses dois mandatos reforça a idéia de que a ausência de investimentos da Prefeitura está diretamente relacionada ao afastamento de Fernando da legislatura. Assim, Marta valoriza a atuação do pai como deputado e, conseqüentemente, o fortalece na negociação com o prefeito.

O segundo momento em que a aliança volta a se equilibrar ocorre quando o prefeito prestigia Fernando, propondo que Marta seja a candidata do partido na região. Partindo de Marcelo Alencar, a escolha é uma deferência ao deputado. Ao indicar Marta, o prefeito sinaliza sua disposição de delegar a ele a tarefa de ajudar o partido na região, nas próximas eleições. Como vimos acima, isso tem um duplo sentido. Por um lado, ajudar o partido é uma honra, uma responsabilidade e, principalmente, um reconhecimento de que Fernando Silveira é realmente "alguém com voto". Por outro, é também uma obrigação para Fernando, uma forma de levá-lo a se comprometer mais com o partido. O fato de Marta ser filha do deputado reforça esses dois sentidos. A sugestão de lançar a filha é tanto um *reconhecimento* da força (isto é, votos) de Fernando, quanto um *constrangimento* para que ele realmente trabalhe na transferência de seus votos como deputado para o candidato a prefeito. Além desse duplo sentido, poderíamos acrescentar um terceiro. Ao sugerir o nome de Marta, Marcelo Alencar também revela que o partido ainda não tem um "candidato na região", o que não deixa de ser uma demonstração de fragilidade do prefeito, já que tudo se passa às vésperas das eleições.

Qual a posição de Marta nesse episódio? Ela estava ali como filha ou como assessora de Fernando Silveira? Ambos. No início da reunião, ela é, principalmente, assessora. Além de acompanhar o pai, ajuda-o na negociação com o prefeito fornecendo argumentos a seu favor. Sua intervenção é objetiva e tem um bom efeito. A situação muda quando Marcelo Alencar sugere que ela seja candidata, e Fernando aceita sem perguntar sua opinião. Marta admite a sensação de impotência diante da decisão. Embora estivesse ali ao lado, não foi consultada. Fernando tomaria essa atitude se ela não fosse sua filha, mas apenas uma assessora?

Inicialmente, Fernando aceita a proposta do prefeito sem discutir justamente porque Marta é sua filha. Mais tarde, ele poderia — como de fato o fez — dizer-lhe sem constrangimentos que aquele acordo visava apenas agradar o prefeito. Não havia com o que se preocupar. Se Alencar queria um candidato em troca da liberação das verbas para saldar o compromisso com os eleitores, que o tivesse. Como Fernando explica depois à filha, *um candidato é muito diferente de um parlamentar eleito.*

Fernando não se mostra "nem um pouco preocupado" com os possíveis resultados da candidatura de Marta. Sua decisão visava apenas cumprir a promessa feita aos eleitores. Em relação ao seu vínculo com o partido, a postura de Fernando na negociação com o prefeito parece fria, utilitarista e de pouca visão institucional. No entanto, do ponto de vista de Marta, a atitude de Fernando é duplamente positiva. Primeiro, porque é movida pelo "compromisso" com os eleitores, pelo desejo de saldar a promessa feita "há muito tempo" e, conseqüentemente, por querer valorizar uma região "abandonada" pela administração pública. Segundo, porque, para ela, o fato de seu pai não se preocupar com a vitória na eleição é uma demonstração de desprendimento pelo resultado das urnas. Em sua visão, Fernando julga importante atender os eleitores e não cobrar ou esperar por votos.

Marta não era apenas "filha" e "assessora". Àquela altura, ela havia se formado, trabalhado oito anos no Mobral, casado, tido um filho, se separado e passado seis anos trabalhando com o pai. Organizara duas campanhas vitoriosas e havia aprendido muito sobre política.

Antes mesmo de garantir que não ia "entrar para perder", Marta já estava preocupada em resolver três problemas numa possível candidatura. O primeiro era a proximidade das eleições, que ocorreriam dali a três meses. O segundo obstáculo era a falta de recursos. Seu pai estava "louco — como alguém pode se candidatar sem material de propaganda?" O terceiro problema eram os adversários. Além de tempo e material, era preciso "entrar na briga", ou seja, disputar votos com outros candidatos.

Apesar das dificuldades, Marta decide tentar. No trecho final do relato, há uma clara mudança de tom em relação à primeira parte da narrativa. A filha/assessora, que aceita passivamente as decisões do pai e do prefeito, cede lugar à Marta/protagonista, sujeito de todas as ações. Nesse momento, seu discurso assume a primeira pessoa do singular: "*eu* já tinha o escritório", "*eu* cuidava das coisas", [*eu*] reuni *meu* pessoal", "[*eu*] sou candidata e [*eu*] não vou entrar nessa briga para perder" (grifos meus). Ela não aceita ser apenas moeda de troca e começa a construir uma identidade própria como política.

Mesmo assim, Marta refletiu muito sobre a decisão de se candidatar. Hesitava porque "teria que abrir mão de uma série de coisas".

Acreditava que, se fosse eleita, sua vida iria mudar bastante. A idéia de, um dia, deixar o escritório do pai para se dedicar à carreira de psicóloga ainda não estava totalmente descartada. Tanto que, mesmo trabalhando com Fernando, encontrou tempo para fazer um curso de pós-graduação.

Tudo leva a crer que Marta realmente não tinha qualquer plano de se candidatar a vereadora, em 1992. Vários depoimentos confirmam a história da candidatura de última hora. Assessores contam que sua inscrição quase não foi aceita pelo TRE, pois faltavam alguns documentos e não havia mais tempo para entregá-los. Tornou-se lendária a história do assessor de Fernando que ficou no Tribunal conversando com o funcionário para tentar impedir o fechamento das inscrições e dar tempo para a chegada dos papéis.

Marta julgava o mandato "uma responsabilidade muito grande", demonstrando a mesma preocupação com a responsabilidade que já havia manifestado em relação às campanhas do pai. Era preciso ter cuidado no contato com os eleitores, cumprir as promessas de campanha e agradecer o voto.

A opção pela candidatura só ocorre depois da conversa com o prefeito, que sugere seu nome a Fernando para ocupar o posto de "candidato do partido na área". Como para muitos parlamentares, esse é um aspecto importante do lançamento de sua candidatura. Sobre a primeira campanha, ela diz: "Me lançaram candidata. Eu não me lancei candidata — fui lançada." Em outra ocasião, durante um discurso de inauguração de sua clínica de atendimento médico, comenta que chegou até ali por seu "compromisso em atender a comunidade". Ser vereadora não estava em seus planos, não era seu "objetivo". No entanto, "essas coisas", diz ela, "a gente não comanda", é uma "missão".

O medo de se afastar da psicologia e de não dar conta do mandato não foi maior do que o desejo de tentar a própria eleição. Pesando tudo na balança, Marta decidiu se candidatar e "entrar na briga" para ganhar. "Foi uma opção que eu tive que fazer", diz ela, consciente de suas alternativas. Era preciso escolher entre continuar assessora do pai, investir na psicologia ou enfrentar o risco de uma campanha para valer. A candidatura tinha surgido *através* de Fernando e, portanto, de sua dupla identidade de filha e assessora. Agora, a *obrigação* de ajudar o pai transformava-se em *escolha*.

Nessa época, Paulo, irmão de Marta, já havia se candidatado várias vezes, mas nenhuma dessas tentativas partira de convites a Fernando. Para Marta, ao contrário do irmão, Fernando era mais do que um pai — era um *padrinho político*, isto é, uma pessoa superior a ela na hierarquia do *mundo político*, alguém que a introduzia nesse mundo. Fernando *escolhe* a filha para ser sua *herdeira* política.

Como *assessora*, Marta estava consciente de que sua eleição traria dividendos políticos para o pai. As chances de atender os pedidos dos moradores da região seriam muito maiores com dois mandatos na família. Por seu pai ser deputado estadual, muitas vezes os pedidos relacionados à Prefeitura ficavam sem atendimento. Como vereadora, Marta teria acesso à administração municipal e seria muito mais útil ao pai e aos seus eleitores do que na função de assessora. Aceitar essa "missão" era assumir uma tarefa maior em prol de "outros" e não de si mesma.

A passagem de filha de deputado para assessora e, posteriormente, candidata consolida a condição de Marta como *herdeira* política de seu pai. O sucesso de sua atuação em duas campanhas atestava seu preparo. Talvez sem se dar conta, Marta já havia passado pelas fases de estudo, treinamento e experiência, fundamentais para o desenvolvimento de qualquer carreira.

A entrada na política é mais valorizada quando é motivada por fatores externos ao candidato, como no caso de Marta. À medida que a campanha começa, porém, fica cada vez mais evidente a necessidade de haver uma combinação entre essa força externa, coletiva, e um *projeto* individual. Assim, a "missão" de Marta se combinava com uma escolha, com um objetivo próprio. Além disso, ela podia "entrar para ganhar" porque seu *projeto* estava dentro de um *campo de possibilidades* marcado por sua condição de *herdeira* de Fernando Silveira. Isso não garantia sucesso fácil, mas já era um bom começo.[1]

Entrando na política: a aquisição de um "nome"

O primeiro problema enfrentado por Marta foi a disputa com Paulo pelo posto de *herdeira* de Fernando Silveira. O irmão já era candidato quando ela decidiu se eleger, mas sua candidatura, por outro partido, era inútil na negociação com o prefeito. Marta e seu pai sabiam que a situação ia "dar uma uma confusão em família violenta, como deu", ela admite. Segundo Marta, essa foi uma fase "muito difícil". A família "se dividiu", ou melhor: "ela foi toda para o lado do meu irmão. Só o meu pai ficou do meu lado." A "família" era toda materna, pois o pai não tinha parentes na cidade. Marta lembra:

> Foi muito difícil. [Minha mãe] ficou do lado do meu irmão. Até porque, já que o meu pai me apoiava, alguém tinha que proteger meu irmão. [Meu pai ficou do meu lado] porque achava que meu irmão não ia seguir as orientações dele, o estilo de trabalho dele. Ainda era imaturo, apesar de mais velho do que eu. E a aceitação dele era mais complicada. Ele já havia sido administrador regional e não tinha feito uma boa administração. Isso é o que contam, porque eu também nem lembro, nem participei.

A versão de Fernando é muito parecida com a de sua filha:

> Paulo fez muita bobagem. Tentou se candidatar a deputado federal, depois a vereador e tirou muito voto da Marta. Minha mulher queria que eu dividisse, mas não dava. Marta era minha candidata natural. Eu fiz uma carta declarando que ela era minha candidata.

Marta vinha, há anos, mostrando afinidade com o trabalho de Fernando. Além de coordenar duas campanhas vitoriosas, representava o pai nos atendimentos no escritório. Ao contrário da irmã, Paulo não queria seguir essas orientações. A fama de mau administrador era forte em Roseiral. Em 1982, ele já havia sido um dos responsáveis pela derrota do pai.

Apesar de saber que Teresa preferia um apoio igualitário aos filhos, Fernando assumiu Marta como sua escolhida. Mais de uma vez, ele declarou a preferência pela filha como *herdeira* de seu trabalho: "A Marta sempre foi muito mais ativa, participante, do que o Paulo. Ele gosta da política, mas nunca vai chegar aos pés da Marta."

Os assessores que trabalharam nessa campanha relatam que a presença de dois candidatos da mesma família gerou muita confusão. Houve disputa, mal-estar e divisão de votos em Roseiral. Por conta disso, o deputado acabou escrevendo uma carta aos eleitores declarando que Marta era a candidata de sua preferência. No final, a torcida acabou se unindo diante da possibilidade de eleger os dois. Paulo era de um partido pequeno e não se elegeu "por muito poucos votos", recorda Marta. Um assessor afirma ter havido também muitos problemas na apuração: "Ele já estava eleito, pelos nossos cálculos. Dormiu eleito mas acordou sem cadeira. Conseguiram passar a perna nele com métodos que não se conseguiu provar, mas sabe-se que houve. No final estava todo mundo torcendo pros dois. Apuramos pros dois. [...] Até Marta acabou torcendo."

Para ganhar sua eleição, a primeira providência de Marta foi entrar em contato com o maior número possível de moradores de Roseiral e redondezas. Aproveitou o cadastro de endereços que havia formado na época do questionário acrescido de outros obtidos na última campanha de Fernando. Fez mais de 500 reuniões em três meses. Trabalhou muito, porque tinha que fazer tudo: "preparar o material de propaganda, coordenar o pessoal de rua, atender a comunidade, fazer reunião. Foi uma campanha maluca."

O estilo era o mesmo que havia funcionado para seu pai. Foram feitas muitas visitas aos moradores para comunicar a candidatura, colocar propaganda, levar "material de mão" (brindes, porta-títulos, réguas, calendários) e agradecer o voto. Afinal, explica Marta, "é preciso ter sempre uma desculpa para voltar na casa do eleitor".

Marta estava certa de que os eleitores reconheceriam seu trabalho de mais de dez anos de atendimento. Em sua memória, tudo se passa como se o voto não precisasse ser *conquistado*. A campanha era uma "festa", e os anfitriões, os eleitores, comemorando o trabalho dos Silveira. É a "comunidade formada por cada uma dessas pessoas que eu ajudei", diz Marta, que organiza, faz o bolo e chama os candidatos. Segundo ela, seu pai comentou na época: "Pelo amor de Deus, eu não agüento mais bolo, eu nunca vi isso na minha vida! Eu sou político há 32 anos e eu chegava pra fazer reunião, o povo me pedia as coisas. Eu venho pras tuas reuniões e eles te dão as coisas, é o inverso."

A política aparece purificada dos elementos aos quais é tradicionalmente associada: pedidos, troca de favores por votos, promessas não cumpridas. A "inversão" mencionada por Fernando é da mesma natureza da que ocorrera em 1986, quando seus eleitores lhe deram o "voto do perdão". Se antes a campanha tinha sido de "esclarecimento", agora era uma "festa" de reconhecimento.

Segundo as regras da política tradicional (representadas aqui pela experiência de Fernando), o candidato não deveria receber coisa alguma dos eleitores. Destes, espera-se que "peçam as coisas" e, depois, retribuam através do voto. Mas as pessoas que Marta ajudou em seus dez anos de atendimento querem demonstrar seu apreço de forma espontânea e coletiva. Apresentando publicamente sua intenção, terminam por esvaziar o caráter individual e secreto do voto.

Essa é a campanha ideal. O candidato não precisa esperar a abertura das urnas para saber o resultado. Tudo se passa como se os sacrifícios de campanha (trabalho intenso, doação de bens etc.) fossem imediatamente recompensados. A insegurança e o risco de não se eleger desaparecem. Na campanha ideal, "toda feita com bolo", essas incertezas são substituídas pela felicidade comunitária da festa, onde sempre se diz para o candidato: "Ah, você já está eleito!". No caso de Marta, foi o que aconteceu.

Em 1992, Marta conquistou seu primeiro mandato na Câmara Municipal. Apesar da campanha às pressas e da disputa em família, as urnas mostraram o reconhecimento dos eleitores por seus anos de trabalho. Assessora competente e *herdeira* de Fernando, Marta agora começava sua própria carreira na política.

No entanto, antes mesmo de terminarem as contagens de voto, ela já enfrentava problemas. Um vereador candidato à reeleição pelo mesmo partido não se elegeu e passou a acusá-la de fraude (verbalmente e através de matérias em jornais). A desconfiança era um fato isolado, mas deixou Marta abalada. Pouco depois desse episódio, ela explicou como se sentia:

> Eu era uma desconhecida dos grandes medalhões. Porque eu não apareço na televisão, não tenho poder econômico, não tenho nada disso. Eu tenho um trabalho, um trabalho de dez anos, mas um trabalho de formiga, e que ninguém vê. Só quem conhece é o eleitor. [...] O mandato é uma coisa de que eu me orgulho muito. [...] Geralmente, quem ganha eleição ou já perdeu uma eleição anterior, ou vem com uma estrutura forte.

> Você não ganha uma eleição sendo meramente uma desconhecida. E eu tive voto para ganhar em qualquer partido. Eu tive mais voto que muitos medalhões e isso gera inconformismo aqui dentro. [O vereador às vezes] esquece que o eleitor tá lá fora.[2]

Mais uma vez aparece aqui a campanha ideal, vitoriosa por conta dos votos gratuitos, de reconhecimento. O "trabalho de formiga" tinha sido realizado durante os anos em que Marta trabalhou com o pai. Mas o "orgulho" pelo próprio mandato mostra que a posição de *herdeira* podia também incomodar em certos momentos. Para defender a legitimidade de sua eleição, Marta omite a importância de Fernando em sua trajetória, usando duas vezes o adjetivo "desconhecida" para falar de si mesma. Só ganha uma eleição quem "já perdeu uma eleição anterior" ou quem tem uma "estrutura forte".

Não era justamente esse seu caso? Como *filha de deputado*, ela já enfrentara uma eleição perdida, em 1982. Podia não ter muito dinheiro, mas certamente tinha por trás de si todos os anos de experiência no comando da "estrutura" de seu pai, um "medalhão", deputado há mais de 32 anos.

Negando essa experiência, é como se Marta "anulasse" a herança que Fernando lhe delegou. Pelo menos naquele momento, era preciso atribuir o sucesso (votos) apenas a si própria. De certa forma, Marta repete aqui o comportamento por ocasião do lançamento de sua candidatura. Para ser legítima, precisava ser independente, deixando os laços familiares em segundo plano.

Ao final, a discussão sobre a validade dos votos de Marta se esvaziou. O convívio na Câmara fortaleceu o respeito dos outros parlamentares por ela. Dentro da equipe, os assessores reconheciam que ela tinha *conquistado* a herança de Fernando por méritos próprios. Não bastava ser *filha de deputado* para ser *herdeira*, como atestam as palavras de um antigo morador de Roseiral: "Ela herdou [a política] do pai, mas nem sempre o filho herda."

Marta recebeu e transformou sua herança em um *projeto* de carreira e parece ter consciência do que isso significa. Em 1982, o pai havia perdido o mandato e se tornado uma "pessoa comum". Dez anos depois, ela passava pela experiência oposta. Por mais que tivesse se envolvido em atendimentos, negociações e campanhas, a conquista do mandato representava uma grande mudança em sua identidade.

Por conta do mandato, perdia a espontaneidade. Ao contrário das "pessoas comuns", uma figura pública precisa se "policiar", diz Marta. Não se tem mais o "direito de errar", de fazer "escândalos" ou "passar vergonha". Como vereadora, seus movimentos, gestos e palavras se tornam o centro das atenções. Em contrapartida, adquire-se *um nome*.

O significado desse *nome* é definido pela assessora Dilma, antiga colaboradora dos Silveira. Sobre um caso de atendimento bem sucedido, ela explica: "Eu tenho essa abertura, porque tem o nome da vereadora. [...] É o que eu falo: o meu trabalho é conseqüência da vereadora, porque é o nome dela. Se de repente chegar num lugar e usar o nome de Dilma, ninguém sabe quem é. Mas o nome 'Marta Silveira' dá uma abertura muito grande pra gente."

• 5 •

A carreira na política

Através da trajetória de Marta e Fernando Silveira, podemos observar o caráter cíclico da *carreira* na política. A cada dois anos, é preciso enfrentar uma nova eleição, e a cada quatro anos, a sua própria posição é colocada à prova.

Na visão idealizada das rememorações de Marta, as dificuldades são superadas e todos os personagens cumprem perfeitamente seu papel: parlamentares e assessores trabalham muito, candidatos dão o máximo de si, e os eleitores reconhecem esse trabalho no momento do voto. Na prática, para obter sucesso, é preciso enfrentar a descrença na política, o ceticismo dos eleitores, a violência dos adversários, as dificuldades financeiras, a falta de tempo nas campanhas, o risco de perder e a infelicidade da derrota. Marta e seu pai passaram por todas essas experiências, que são parte inseparável da *vida política*.

Estudos sobre carreiras em geral, assim como carreiras na política, chamam atenção para as condições e etapas de desenvolvimento da vida profissional. Em qualquer profissão, o novato deve passar por uma fase de treinamento e aprendizagem, que nem sempre se restringe aos momentos iniciais da carreira. É preciso adquirir experiência para superar as dificuldades. Quando Marta lembra que "geralmente quem ganha eleição ou já perdeu uma eleição anterior, ou vem com uma estrutura forte", ela chama atenção justamente para a importância do treinamento na obtenção do principal êxito na carreira (ganhar a eleição). A qualificação pode ser adquirida por experiência própria (quem "já perdeu uma eleição") ou através de outros (aqueles que têm uma "estrutura forte"). Muitos também aprendem trabalhando como assessores de outros candidatos ou parlamentares.[1]

No caso de Fernando e Marta, vemos que, apesar das origens diferenciadas, seus ingressos na carreira têm pontos em comum. Para Fernando, a entrada se deu através do sindicalismo, que o aproximou da elite política da época. Como ele afirma, Castro Neves, então ministro do Trabalho do governo Jânio, praticamente "o obrigou" a ser candidato. Por outro lado, Fernando também havia acumulado experiência no sindicato, garantindo uma base inicial para o trabalho de campanha. Marta tinha outros planos, mas acabou seguindo os passos do pai em função da derrota de 1982. A negociação com o prefeito Marcelo Alencar foi um dos momentos decisivos de sua carreira. Como ocorrera com Fernando, sua entrada na política se deu "de cima para baixo". Também como o pai, ela era uma boa candidata porque possuía uma base eleitoral para planejar a campanha — os moradores da região que vinham sendo atendidos por sua família há muitos anos.

Através das trajetórias de Fernando e Marta, notamos que a entrada na carreira política está relacionada a certas condições sociais específicas. Por um lado, é preciso ter alianças com pessoas já estabelecidas, de preferência em posições de destaque e prestígio (o ministro, no caso de Fernando, e o prefeito, no de Marta). Essas alianças garantem a obtenção de credenciais institucionais indispensáveis, como a legenda partidária e o apoio na realização das campanhas (na forma de ajuda material, principalmente). Por outro lado, o "candidato a candidato" deve apresentar um patrimônio de potenciais eleitores (os marítimos, no caso de Fernando, e os moradores da região, no de Marta). Aliança e base eleitoral reforçam-se mutuamente.

Estudos sobre recrutamento e origem social das candidaturas de parlamentares têm mostrado a importância desses fatores para êxito na carreira. A necessidade de um "patrono" para se ter acesso à esfera da política institucional é apontada como uma característica das carreiras políticas no Brasil. Por outro lado, algumas análises apontam o crescimento da influência das estruturas partidárias nesse contexto. A fidelidade ao partido tenderia a resultar em maiores chances de concorrer a um cargo eletivo, assim como de ter êxito na eleição.[2]

Na prática, essas podem ser faces da mesma moeda. No caso dos Silveira, a atuação do "patrono" das candidaturas estava diretamente ligada aos interesses do partido. Na vida política de Araruama (RJ), encontramos situações semelhantes. As articulações para controlar o partido são decisivas para o êxito eleitoral. A secretária de um partido afirma: "No vaivém da política, os partidos ficam valorizados. Todo mundo quer ser presidente de partido." Esse controle é fundamental para ampliar as chances de reeleição. O partido é identificado com seus "comandantes" e seus "amigos". Tanto que os partidos e candidatos costumam ser referidos a partir do nome de um "chefe político". À pergunta "fulano é de quem?", responde-se: "É do partido do sicrano."[3]

Essas não são características exclusivas de cidades pequenas, de eleições de nível municipal ou mesmo de certos partidos. Por exemplo, revendo sua longa carreira política, o ex-senador Mário Martins refere-se a várias situações envolvendo decisões partidárias. Em todas, sem exceção, a escolha dos candidatos é feita através de reuniões de cúpula, conversas telefônicas e acordos envolvendo poucas pessoas. Esse depoimento merece destaque justamente porque Mário Martins foi talvez o único parlamentar a renunciar ao mandato por ter se desvinculado do seu partido, na época a UDN. Justificou o gesto dizendo que, a seu ver, a cadeira pertencia ao partido e não a ele.[4]

Outro caso, dessa vez ocorrido com uma assessora dos Silveira, mostra a importância de um vínculo do aspirante a candidato com alguém influente dentro do partido. Esta assessora já havia trabalhado com Fernando por vários anos quando foi convidada por um vizinho, militante e membro do diretório regional do PT, a se candidatar. Através desse vizinho, ela conheceu M., importante membro da cúpula nacional do partido. M. tinha interesse em que ela se candidatasse às eleições municipais para ajudá-lo posteriormente em sua eleição à Câmara Federal, mas seu nome não foi aceito pela zonal do partido. Ainda assim, M. usou sua influência e, pouco antes de se esgotar o prazo de filiação, conseguiu que a assessora de Marta saísse candidata.

Na grande maioria dos casos, as candidaturas são decididas pela cúpula partidária e dependem das relações do candidato com as pessoas que ocupam cargos de relevo nessa esfera. A chance de negociar esse apoio, assim como de obter sucesso na própria eleição, depende também do patrimônio que o candidato tem a oferecer. Estudos a esse respeito mostram que grande parte dos parlamentares eleitos tem alguma passagem por cargo político, participação em sindicatos ou associações de caráter político, ou laços familiares com outros parlamentares e ocupantes de cargos públicos. Em muitas situações, como na de Marta, existe uma combinação de fatores. A existência de parentesco com pessoas que já ocuparam cargos eletivos é uma das variáveis mais importantes para a eleição de candidatos com menos de 30 anos, e o vínculo da família com a política tem, de um modo geral, um papel decisivo.[5]

As análises sobre política em cidades pequenas mostram que a ausência de parentesco ou de aliança com famílias ligadas ao poder praticamente exclui a possibilidade de um novato ser bem sucedido politicamente. A já citada pesquisa sobre Araruama aponta uma cidade onde quatro famílias se revezam no controle do executivo municipal, além de ocuparem uma longa série de cargos legislativos. Casos semelhantes são citados em diversos estudos. A existência de linhagens familiares na política era justamente uma das características marcantes do grupo de deputados chaguistas. Várias famílias exerceram mandatos e controlaram cargos administrativos no Rio de Janeiro durante muitos anos, especialmente as que se elegiam com votação concentrada.[6]

Existe o caso famoso da família Alvarenga, por exemplo, que vem tendo influência política na Zona Oeste da cidade desde fins do século passado. Pai, filhos, sobrinhos, primos exerceram mandatos em todos os níveis, além de cargos administrativos de alto e médio escalão no município e no estado. A atividade política é vista como um patrimônio familiar, transmitido através das gerações. Outro exemplo importante no Rio de Janeiro é a família Maurício da Fonseca. O patriarca elegeu-se vereador, sendo substituído por sua filha — reeleita por mais dois mandatos. Mais tarde, outros dois filhos elegeram-se para a Alerj e para a Câmara Municipal, integrando o grupo chaguista. Como os Silveira, a família Maurício da Fonseca tem votação concentrada e mantém escritórios para o atendimento da população.[7]

A família, no entanto, não é uma unidade homogênea. Ao mesmo tempo em que mostram sua força, diversas análises revelam que os laços de parentesco podem ser apenas um ponto de partida que, mais tarde, resulte em carreiras próprias, dissidentes ou não, com maior ou menor grau de conflito familiar. Entre os Silveira, como vimos, a disputa entre irmãos foi vivida de modo tenso e até dramático, quando Fernando foi obrigado a fazer uma carta nomeando publicamente Marta como sua *herdeira*. A transmissão do patrimônio político familiar, portanto, não é um processo automático. A filiação confunde-se com projetos e trajetórias individuais. No caso de Marta, especificamente, havia um longo investimento como *assessora* do pai, assim como uma bagagem adquirida através de sua experiência profissional. Esses também são fatores decisivos para as chances de apresentação de uma candidatura.

Ex-assessores que se candidatam pela primeira vez já vivenciaram a perda ou a vitória em uma eleição através de outra pessoa. O exemplo de Marta não é isolado. Um candidato que se elegeu na mesma legislatura que ela, por exemplo, já havia trabalhado em três outras campanhas próprias, tendo sido derrotado em todas. Entre assessores de parlamentares, vários haviam tentado se candidatar previamente, e entre os colaboradores de Fernando e Marta, isso ocorreu em pelo menos três casos. Dois foram mal sucedidos, mas um assessor, na década de 1970, não só foi eleito como se reelegeu depois por mais dois mandatos.

Para dar continuidade à carreira do pai, Marta tinha a seu favor vários anos de treinamento informal. Como *filha de deputado*, ela havia convivido desde criança com campanhas, mandatos, partidos, perseguições políticas, disputas e alianças. Embora inicialmente não seguisse de perto os passos do pai, Marta cresceu apreendendo aqui e ali a gramática da vida política. A perda do mandato de Fernando em 1982 representa a virada na sua vida. Outra grande mudança vem com a candidatura própria, em 1992.

Não se pode identificar uma data ou uma situação precisa que marquem a entrada de Marta na carreira política, mas identificar níveis de envolvimento diferenciados ao longo de sua trajetória. Da posição de *filha de deputado*, Marta passa a *psicóloga*, a *assessora*, a *candidata* e finalmente a *vereadora*. O tempo de formação em psicologia e o exercício da profissão não representam um hiato em sua trajetória. Essa experiência é valorizada e permanentemente reelaborada como uma identidade complementar e fundamental à sua identidade de vereadora, dentro da vida política.

A carreira na política tem um caráter cíclico incomum, e por isso é tão importante para um futuro candidato a experiência prévia na área. A necessidade de estar sempre renovando sua posição, através de recorrentes campanhas, confere à carreira de um político um potencial de estabilidade muito baixo. O estudo dos processos de mudança, ascensão, mobilidade e estabilidade são fundamentais para a compreensão das características de uma carreira. Como vimos no caso de Fernando Silveira, houve uma derrota mesmo depois de cinco eleições vitoriosas consecutivas. Diferentemente do que ocorre em muitas carreiras, o "tempo de serviço" não significa uma progressão inercial. É uma vantagem, sem dúvida, em termos de experiência, mas não é uma garantia de estabilidade. Na vida política, o caráter cíclico dos obstáculos (eleições) é uma dificuldade a mais à progressão na carreira. Como vários de seus colegas parlamentares, Marta vem atuando em campanhas de dois em dois anos desde 1986. Sem contar os mandatos anteriores de seu pai, foram seis campanhas em 12 anos (1986 a 1998).[8]

A noção de *tempo da política*, desenvolvida por Palmeira e Heredia, chama atenção para o caráter cíclico da política, do ponto de vista da população.[9] Através da experiência dos Silveira, temos a dimensão temporal da política vivida pelos que estão envolvidos na carreira. Em ambos os casos, há uma divisão temporal que obedece ao ritmo das eleições. No entanto, o intervalo entre uma campanha e outra, assim como a percepção do tempo de duração das eleições é diferenciado, como explicita a secretária de um partido:

> Quem é político vive fazendo política. Perdeu uma, já tá pensando na outra. [...] Um ano antes, você já começa a ver os futuros candidatos e começa a alinhavar [...]. Agora, só fica muito ligado nisso quem faz política partidária, quem está querendo ser candidato, quem está querendo juntar-se ao grupo [...]. O povo [...] não sabe disso, não tá nem aí ainda. Mas quem pensa em política já tá aí. É a hora das uniões, das separações, das traições [...]. É a hora de quem faz política estar puxando os fios, dando os nozinhos. É a hora.[10]

Assim, embora exista a percepção de um tempo marcado pelo evento eleitoral, a política é experimentada segundo um contínuo que passa despercebido pela população. Essa visão aparece também no depoimento de um deputado: "Eu não tenho dificuldade [de atingir o eleitorado] porque eu não paro nunca de fazer campanha eleitoral. [...] Eu continuo fazendo política como se estivesse em campanha eleitoral. A minha conduta atual é a mesma da véspera da eleição."[11]

A preocupação constante com a renovação do mandato coloca em evidência o risco da carreira política, do ponto de vista dos candidatos. Assim, a identidade de quem desenvolve uma trajetória na área é necessariamente instável. Na política, ao contrário do que ocorre em muitas carreiras, a identidade do sujeito é fortemente relativa a uma posição ocupada durante um certo *espaço de tempo*. O político tanto pode se reeleger quanto perder a eleição seguinte. A alternativa é a ocupação temporária (ou não) de cargos no setor público ou a tentativa de reeleição. Como disse um assessor de Fernando Silveira, "político não pode ficar sem gabinete e sem poder, mesmo que seja um poder abaixo do que ele quer."

Na segunda parte deste livro, veremos que Marta Silveira passa a ser a grande protagonista política da família. Mesmo atuando junto ao pai, é ela quem passa a coordenar as campanhas, o escritório, a equipe e as tarefas relacionadas ao atendimento da população. Nos capítulos seguintes, acompanharemos o cotidiano do mandato.

• PARTE II •

O Cotidiano da Política

• 6 •

"Subúrbio, mostra a tua cara"

Após tomar posse como vereadora, em janeiro de 1993, Marta Silveira passou a dividir seu tempo de trabalho entre o escritório da família, em Roseiral, e o gabinete na Câmara Municipal. Adorou a novidade, mas se sentia mal por se afastar do subúrbio: "Eu não posso ser uma vereadora omissa, ausente. Mas fico com o coração dividido. [...] Se eu chegar no portão do escritório e disser que não vai dar pra atender, as pessoas vão ficar aborrecidas. Porque elas estão acostumadas há dez anos a me ver ali o dia inteiro."

Todos os seus votos eram conseqüência do trabalho de atendimento em Roseiral. A recuperação do mandato de Fernando, em 1986, já havia apontado as vantagens de se fazer política em uma área relativamente pequena, como a possibilidade de abordar as pessoas de casa em casa. Foi através dessa estratégia que os Silveira construíram um enorme banco de dados com informações a respeito dos moradores da região.

Nesse acervo, o subúrbio é redesenhado em função dos votos da família. Mais de 23 mil moradores foram classificados entre simpatizantes, colaboradores, voluntários, "contatos" etc. O banco de dados foi informatizado e é atualizado periodicamente, passando a servir de base para todas as campanhas. Uma transposição dessas informações para o mapa da cidade, dividido por bairros, mostra a configuração que vemos no mapa 1.

Os moradores que aparecem registrados nesse mapa foram os principais convidados do "1º Encontro Subúrbio Mostra a Tua Cara", organizado por Marta, em 1995. Em maio daquele ano, ela e Fernando haviam se transferido do PDT para o PFL, tornando-se companheiros

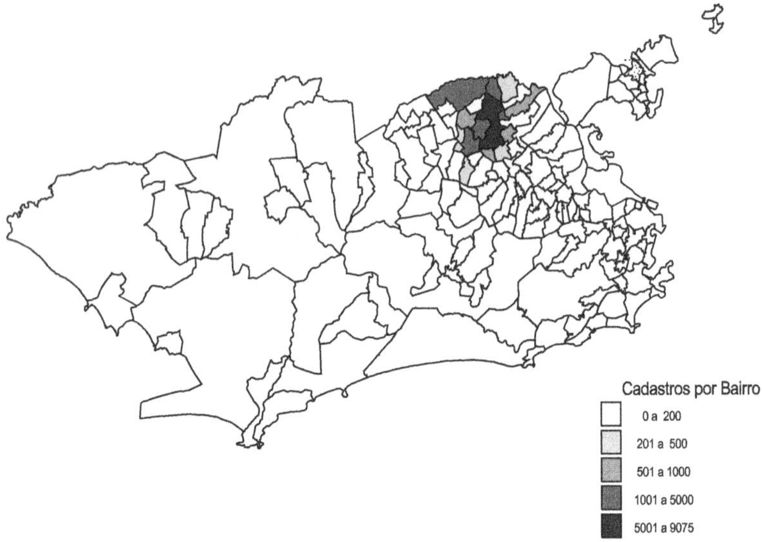

Mapa 1 – Cadastro de Moradores

de partido do prefeito da cidade, César Maia. A mudança visava atrair recursos para Roseiral.

O objetivo do Encontro era mostrar à Prefeitura os principais problemas da região e discutir propostas para solucioná-los. Desde os tempos de assessora, Marta se preocupava com a falta de investimentos no *subúrbio*. Logo depois de eleita, ficou feliz quando conseguiu que um secretário municipal visitasse seu bairro. Era difícil, porque "normalmente todos os trabalhos iam para as Zona Sul ou Oeste".

Além do prefeito, compareceram ao evento secretários, administradores municipais, parlamentares e mais de três mil moradores da região. Marta providenciou transporte gratuito e um pequeno lanche para os participantes. Antes, realizou diversas reuniões para discutir os temas que seriam tratados com as "autoridades".

Durante o Encontro, falaram Fernando, Marta, o prefeito e alguns membros da Mesa. Também foi dada a palavra aos moradores, que fizeram perguntas e relataram seus problemas. O principal tema do evento era o próprio "subúrbio" e o que fazer para melhorar as condições de vida de sua população. As características do lugar foram sendo definidas nos pronunciamentos.

Já no título, "Subúrbio Mostra a Tua Cara!", o *subúrbio* é representado como algo escondido, que precisa aparecer para deixar de ser preterido em relação a outras regiões da cidade. O *subúrbio* tinha que se "assumir" para poder "cobrar das autoridades" seus direitos. Marta saudou o público afirmando que "o subúrbio também é parte integrante e importante da cidade". A região não podia ser lembrada apenas na época das eleições. O objetivo do Encontro era justamente resgatar essa dívida, pois os governos sempre "olhavam com desprezo e distância para nosso subúrbio".

Marta pediu "respeito", "fidelidade" e "valorização" das comunidades e brincou com o prefeito dizendo que ele sairia do Encontro "tão suburbano quanto qualquer um de nós". A ocasião era uma boa oportunidade de demonstrar aos moradores a importância dos Silveira como "autênticas lideranças políticas suburbanas", conforme definiu um dos participantes.

Não eram apenas as autoridades que menosprezavam a região, mas também muitos de seus moradores. O sentimento de inferioridade fica claro na fala do mestre de cerimônias, que se emocionou por conta da presença de "pessoas importantes" no seu clube. A própria Marta era uma delas. Apesar de vereadora, estava ali uma "amiga que é tão suburbana quanto qualquer um de nós". Por sua causa, as autoridades tinham finalmente ido ver o *subúrbio* de perto.

Suburbana "de carteirinha"

Os temas discutidos no "Encontro" fazem parte do dia-a-dia das conversas de Marta com os moradores de Roseiral. Muitas vezes, ao ter que justificar a falta de recursos públicos para atender uma determinada reivindicação, Marta argumentou que a Prefeitura tinha dinheiro, mas preferia investir em outras Zonas. Certa vez, falando na época das enchentes de verão, disse a um grupo de pessoas: "O meu medo é que vão tirar recursos daqui. Tira de Copacabana, tira da Zona Oeste!"

Os bairros de Copacabana (na Zona Sul) e Barra da Tijuca (na "zona sul" da Zona Oeste) estão localizados na orla marítima e são sempre citados como locais valorizados e conservados pelo poder público, em contraste com o tratamento dado ao *subúrbio*. Freqüentemente, Marta faz esse tipo de comparação: "Se a Zona Sul pode ter, a gente também pode! Eu não consigo trazer o mar, mas eu trago os projetores da praia de Copacabana, trago as lampadazinhas das árvores da avenida Atlântica, pra ter um negócio bonito! Eu tenho muito orgulho do bairro! Eu sou *suburbana de carteirinha.*"

Para Marta, é muito importante mostrar que permanece suburbana. Apesar de ter se tornado vereadora, está sempre presente, "não mudou" e não "foi morar na Barra". A justificativa é necessária, segundo ela, porque todos sabem que a primeira coisa que os suburbanos fazem ao ascender socialmente é "mudar para a Barra da Tijuca". O bairro é o ponto de moradia mais desejado, contrastando com o *subúrbio* tanto pelas praias e urbanização, quanto pela proximidade dos *shopping centers*, cinemas e opções de lazer.[1]

A relação dos próprios moradores com o *subúrbio* é ambígua. Muitos não gostam do local, seja pela falta de infra-estrutura em geral, seja pelo estilo de vida dos vizinhos. Freqüentemente, o adjetivo *suburbano* é usado como uma forma de acusação pelos moradores de outras regiões da cidade. Nas situações mais comuns, *subúrbio* é sinônimo de pobreza, cafonice, abandono e atraso, enquanto a Zona Sul é um símbolo da vida "sofisticada" e "cosmopolita".[2]

Muitos suburbanos introjetam essa inferioridade e escondem o local onde moram. Um episódio curioso ocorrido durante a campanha de 1996 ilustra bem esse ponto. Marta descobriu que vários rapazes, moradores de Roseiral, estavam colocando em seus carros adesivos de propaganda de um candidato que havia sido subprefeito da Barra. Ficou chateada com aquilo, mas depois riu muito quando descobriu que se tratava de uma estratégia de conquista. Para "ganhar" as meninas, os garotos se valorizavam fazendo-se passar por moradores da Barra.[3]

Há também situações opostas, em que o *subúrbio* é valorizado em detrimento de qualquer outro local da cidade. Durante uma conversa sobre transporte público, por exemplo, um morador de Roseiral pediu que não pusessem linhas de ônibus em sua rua. Não queria abrir mão de seu sossego por nada, nem "para morar na avenida Atlântica", diz ele, pois não agüentaria dormir com o barulho nem "com aquele tumulto todo". Um antigo assessor dos Silveira é da mesma opinião. Adora o subúrbio e não se sente atraído pela Zona Sul: "Quando vou a

Copacabana, fico até tonto. Não moraria lá de jeito nenhum. As pessoas nem conhecem seus vizinhos!"

Em trabalho clássico sobre o tema, Velho já chamava atenção para a existência de "mapas de prestígio" distinguindo as diferentes regiões da cidade e para a heterogeneidade dessas classificações. Valores considerados positivos por uns, como "animação", "variedade" e "modernidade", são traduzidos como "bagunça", "promiscuidade" e "cafonice" por outros. Assim, a condição de suburbano pode ser uma qualidade valorizada da identidade dos moradores, sendo o *subúrbio* o "melhor lugar de se morar", mais sossegado, tranqüilo, e "onde se pode contar com os vizinhos".[4]

Nas conversas com os moradores da região de Roseiral, Marta procura prestigiar o bairro e adora se autodenominar "suburbana de carteirinha". Quando fala para audiências maiores, utiliza sempre expressões como: "em nome do subúrbio", "nós, do subúrbio" ou "é preciso assumir a condição de suburbano, valorizar o que é nosso".

Não basta simplesmente conseguir obras e serviços – o *subúrbio* precisa exigir qualidade se quiser recuperar sua auto-estima. Segundo Marta, seu pai, certa vez, mandou parar uma obra porque a Prefeitura estava colocando luminárias abertas "do tipo favela". Isso "não pode", diz ela, "na minha terra, ou você faz bem feito, ou então não faz." No local, acabou sendo construído um canteiro central com uma posteação de pétalas, "tipo Aterro do Flamengo". Marta comentou com os moradores: "Vai ficar muito chique! Eu sou uma suburbana *besta*!"

Na maior parte do tempo em que não está na Câmara Municipal ou reunida com técnicos da Prefeitura, Marta se dedica ao escritório em Roseiral ou a encontros com moradores da região. A bordo de um carro com motorista, ela circula dentro dos limites espaciais e simbólicos de seu *subúrbio* diversas vezes por dia. Só ultrapassa esses limites quando um ex-morador da região a convida para visitar seu novo bairro. Geralmente, para pedir obras e melhorias urbanas.

Em uma dessas incursões fora do *subúrbio*, Marta visitou dois bairros da Zona Oeste e conseguiu atender algumas reivindicações dos moradores. Depois, visitando-os em época de campanha, passou a incluir a Zona Oeste em seus comentários sobre a falta de recursos públicos. Na briga por esses recursos, a antiga oposição entre Zona

Norte, de um lado, e Zonas Sul e Oeste, do outro, é transformada em Norte-Oeste *versus* Sul. Marta não deixa de ser *suburbana* por estar fisicamente na Zona Oeste. Ela passa a atribuir a essa região as mesmas características simbólicas que dão significado à noção de *subúrbio*, como a de ser um lugar desprezado pelas autoridades e preterido em relação à Zona Sul. É sobretudo quando se trata de discutir questões envolvendo investimentos do poder público que a noção de *subúrbio* se torna operacional no universo dos Silveira. Da mesma forma, a identidade de Marta como *suburbana* é acionada principalmente em situações em que é preciso enfatizar seu trabalho como uma política/parlamentar que consegue soluções para os problemas do *subúrbio*.

Marta não utiliza a expressão *suburbana* para falar de si em conversas com assessores, amigos ou familiares. Entretanto, toma uma série de atitudes para preservar as características dessa identidade junto aos moradores da região. No escritório, por exemplo, ninguém deve comentar sobre suas viagens, seja qual for o propósito do afastamento. Teme causar a impressão de que "abandonou" a comunidade.

Marta também não menciona que seu irmão mora em Copacabana, em um apartamento de propriedade de Fernando, nem que seu pai comprou um apartamento de frente para a praia na Barra, para os fins de semana da família. Além de distantes do subúrbio, Barra e Copacabana são os símbolos mais fortes daquilo que esse *subúrbio* não tem. Além do mar e da conservação urbana privilegiada, são bairros, por seu prestígio e qualidade de vida, associados ao poder econômico e político da cidade. Embora o ocultamento desses imóveis seja uma forma de preservar a identidade *suburbana* de Marta, por outro lado, sua existência não deixa de ser uma confirmação dessa identidade. Não por acaso, os bairros escolhidos são justamente os que despertam mais atração nos moradores do *subúrbio*.

Tanto em relação às viagens quanto aos apartamentos, Marta também está preocupada em se proteger das acusações de enriquecimento associadas à trajetória do político. "As pessoas são muito sensíveis à conduta do parlamentar", explica. Informações que possam sugerir um estilo de vida acima do padrão *suburbano* podem abalar sua credibilidade na região. Este também é o tipo de dado que interessa aos adversários. Para enfrentá-los é preciso delimitar uma *área* que seja só sua.

"A minha área"

As votações mais recentes de Fernando e Marta têm uma distribuição muito similar à do mapa 1. Abaixo, vemos um exemplo disso através da votação, por zonas, obtida na segunda eleição de Marta, em 1996.

Comparando os mapas 1 e 2, vemos que as áreas com maior número de moradores cadastrados e as de maior votação são bastante coincidentes. Nos dois mapas, temos uma visualização geo-referenciada da relação de Marta e Fernando com a cidade, que se irradia a partir de Roseiral para os bairros vizinhos. No mapa 1, a imagem é produto de um longo tempo de encontros de Marta, Fernando e sua equipe com os moradores da região. O mapa 2 é uma fotografia tirada no momento da eleição, revelando os resultados desse processo. Os mapas mostram como a relação dos moradores com os Silveira produz um recorte espacial e simbólico particular na cidade.

A noção de *área* é decisiva para compreendermos o universo dos Silveira e a lógica da distribuição de seus votos. "Nós temos uma

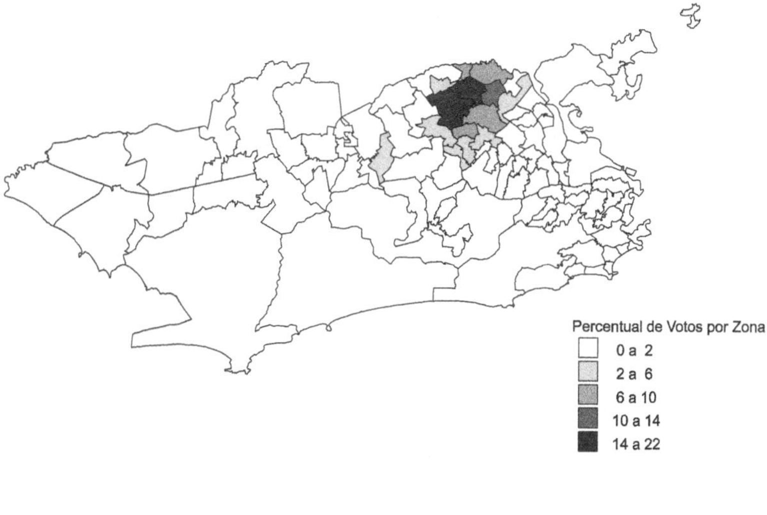

Mapa 2 – Votação de Marta Silveira em 1996

característica de votação concentrada" que vem de uma "tradição de trabalho", diz Marta. A região onde um candidato tem mais votos é a "sua área". A *área* é definida pela relação entre *trabalho realizado* e *votos obtidos*. Quanto maior a correspondência entre os votos esperados e os votos obtidos numa certa *área*, maior a confirmação de que o candidato — agora, parlamentar eleito — é o "candidato da área".

Área e *subúrbio* são categorias diferentes. A noção de *subúrbio* é definida sobretudo pela distância física e simbólica entre o conjunto *Zona-Norte-Roseiral-comunidades* e o poder público e, conseqüentemente, as áreas mais valorizadas da cidade, como a Zona Sul e, em particular, os bairros de Copacabana e Barra. Dependendo das circunstâncias, os limites do *subúrbio* podem ter contornos mais ou menos precisos. A noção de *área* é utilizada quando se discute competição entre candidatos, estratégias de campanha e obtenção de votos.

A *área* é o lugar onde se realiza o *trabalho* e onde se vai buscar o resultado eleitoral. Para Marta, qualquer voto "fora da área" é apenas um voto que "reflete" o *trabalho* feito na *área*. Por essa lógica, ela demonstra que sua votação na eleição de 1996 tinha uma distribuição correta: muitos votos concentrados na *área* de *trabalho* e poucos votos espalhados pelo resto da cidade. Na época, ela obteve mais de 80% dos votos dentro da mesma *área*. Essa alta concentração permite que Marta refira-se à *área* como sendo sua.

A vinculação a uma *área* é valorizada e reconhecida no universo dos Silveira. Na maior parte das vezes em que é utilizada, a palavra *área* vem acompanhada de um pronome possessivo ("a nossa área", "a minha área", "a área dele", "a área dela") ou associada a alguém ("o deputado da área", "a área dos outros", ele/ela "tem uma área"). Embora remeta sempre ao contexto eleitoral, a associação a uma *área* não é garantida apenas pela votação obtida nas eleições. O reconhecimento expresso publicamente fora do período eleitoral também é fundamental para que o político seja considerado (ou não) de uma *área*.

Um episódio vindo por Dilma, antiga assessora de Fernando, é um bom exemplo desse reconhecimento. A rua onde morava sofria constantemente com enchentes e, depois de perder todos os seus bens, Dilma resolveu pedir ajuda. Seus amigos sugeriram que procurasse Fernando Silveira, o "deputado da área", que prometeu resolver o problema em poucas semanas. "Eu nunca acreditei em político", diz ela, mas Fernando cumpriu o prometido. A partir daí, Dilma passou a trabalhar como voluntária nas campanhas e, mais tarde, foi contratada como assessora.

Em outro exemplo, uma moradora da região, com problemas de abastecimento de água em casa, foi orientada por funcionários da companhia estadual a procurar Marta, a "vereadora da área". Quase todos os reparos que a empresa fazia na região provinham de solicitações dela. A equipe dos Silveira garante que essa é uma prática comum. Diretores e funcionários de órgãos públicos ligados a Marta e Fernando costumam indicá-los como os "políticos da área".

É preciso ser reconhecido pela comunidade para usar a expressão "minha" ou "nossa área", como o fazem Fernando e Marta. É fundamental que o reconhecimento se dê através de uma corrente de pessoas (parentes, amigos, vizinhos, conhecidos), que divulgam o *trabalho* realizado pelo candidato para aqueles que não o conhecem. A definição da *área* também incorpora os órgãos públicos que mesmo distantes fisicamente podem fazer parte da rede de influência do parlamentar.

Ser associado a uma *área* não significa apenas se beneficiar dessa reputação antes ou depois do período eleitoral. Em contrapartida ao reconhecimento de sua posição, o deputado ou a vereadora "da área" têm por obrigação estar sempre presentes, ouvindo e atendendo as reivindicações dos moradores. "Quando é aqui na área", diz Marta, "é preciso ficar de olho."

Um episódio ocorrido quase um ano antes das eleições é um bom exemplo disso. Durante uma reunião em um bairro vizinho a Roseiral, Marta expôs aos moradores sua preocupação com as chuvas de verão, pois pouco antes tinha havido um desabamento em uma rua do bairro. Na ocasião, Marta e seu pai chamaram a Defesa Civil, esperaram pelo socorro durante toda a madrugada e receberam o agradecimento dos moradores, convictos de que "na hora do desespero a gente sabe que pode chamar" os Silveira. Marta concorda, lembrando que o pai fez "tudo" por aquele bairro, do qual tem muito "orgulho".

Em outra ocasião, Marta foi chamada a intermediar uma disputa entre uma diretora de escola da região e a Secretaria de Educação municipal. A solução parecia cada vez mais difícil e ela temia ser "culpada" se algo desse errado. Apesar do risco, enfrentou a situação: "Não posso me furtar. É a minha área." O mesmo aconteceu tempos depois, três dias antes das eleições. Marta aparentava muito cansaço, mas, indagada sobre suas férias na semana seguinte, respondeu que continuaria o trabalho normal, porque "senão o pessoal pensa que abandonei a área, pega mal".

A *área* também delimita o alcance do trabalho de atendimento. A solução das reivindicações depende da origem do morador ou da localidade sobre a qual o problema é levantado. Certa vez Marta chegou a negar um pedido porque, além de considerá-lo impróprio, provinha de uma pessoa que "não era da área dela". O trabalho é dificultado também quando o pedido está ligado à *área* de outros políticos e/ou pessoas que os apóiam nos órgãos públicos. Uma assessora, que costuma passar o dia fazendo contatos com funcionários desses órgãos, aprendeu, por "experiência" e "vivência política", a diferenciar as *áreas* de Marta e Fernando das dos "outros políticos" (de difícil acesso). A própria Marta admite que às vezes encaminha um pedido para um órgão público com o cuidado de não se identificar. A respeito de um caso específico em que precisava da ajuda de uma funcionária pública casada com um parlamentar, explicou: "Depois eu digo que é minha área. Se ela souber, não vai fazer."

Apesar de reconhecer tanto a existência da sua *área* quanto das de outros políticos, Marta passou boa parte de seu primeiro mandato trabalhando em *áreas* alheias. Embora o prefeito tenha tentado firmar um acordo entre seus aliados para preservar as *áreas* de cada um, Fernando garantia que ninguém estava respeitando a *área* de ninguém. Segundo ele, a própria Marta "invadia a área de todo mundo".

Por vezes, detectam-se *áreas* sem "trabalho". Recém-eleita, por exemplo, a convite de uma conhecida de Roseiral, Marta foi a uma reunião na Zona Oeste, na qual os moradores reivindicavam uma obra de abastecimento de água. Embora não fosse "sua área", o local também não tinha "um político definido". Exemplo semelhante ocorreu na primeira candidatura de Marta, como vimos anteriormente. Na época das eleições municipais, o prefeito abordou Fernando querendo saber quem era o "candidato da área" do partido dele. Constatada a "vaga", Marta saiu candidata. Cláudio, um de seus primeiros assessores, lembra que ele e outras pessoas engajadas na campanha de Fernando, em 1986, também já pressionavam o deputado a lançar Marta — porque "precisávamos de um vereador na área", ele conta.

Embora as "invasões" e disputas de *área* existam o tempo todo, nos três meses que antecedem as eleições, a competição se torna ainda mais acirrada. Com a realização de pleitos de dois em dois anos, as *áreas* tornam-se objeto de permanente disputa. Além de definir os parlamentares eleitos, as eleições também são um momento de redefinição dos grupos ocupantes dos órgãos públicos. As composições formadas nesse período são decisivas para que, mais tarde, o político possa apresentar um trabalho de atendimento em sua *área*. Antes das campanhas, os funcionários do Poder Executivo que disputam mandatos parlamentares se desincompatibilizam de seus cargos e passam a buscar votos diretamente nas *áreas* onde trabalharam. Uma mesma localidade pode ter dezenas de candidatos disputando o título de "político da área". Por exemplo, em apenas uma de suas eleições, Fernando contabilizou 17 candidatos em sua *área*.

Por um lado, ser um político de *área* concentrada facilita o contato com os eleitores durante a campanha. Por outro, muitos concorrentes em uma mesma *área* podem gerar uma divisão de votos que impeça quaisquer deles de se eleger. No caso da família Silveira, um grande número de mandatos e um amplo reconhecimento do público local ajudam a delimitar uma *área* mais ou menos nítida.

Uma alta concentração de votos, como a que vimos no mapa 2, é típica de candidatos com discursos de campanha voltados para uma determinada região da cidade. Como nas falas de Marta sobre o *subúrbio*, muitos parlamentares se apresentam aos eleitores como representantes de localidades, bairros ou setores específicos de sua cidade. Mais do que uma simples referência, a unidade espacial representa um universo de experiências culturais compartilhado.[5]

Embora sejam pertinentes a contextos e situações diferenciadas, tanto a identidade de representantes do *subúrbio*, como a de deputado ou vereadora "da área" são altamente valorizadas pelos Silveira e seus assessores. A intensa disputa pelo reconhecimento dessas identidades mostra que muitos candidatos e políticos também valorizam esse tipo de associação a uma localidade. Mais de dois terços dos vereadores eleitos têm suas bases eleitorais em áreas geográficas relativamente restritas, ainda que os atributos e qualificações dessas regiões possam ser muito diferentes.[6]

Marta se define como uma "representante" da região, trabalhando como mediadora entre os moradores e o poder público. Defende o voto distrital e acredita que seu principal papel é ser uma "referência para a comunidade". Embora queira ser uma vereadora que conserva os "olhos bem abertos sobre a cidade", seu objetivo maior é atuar na "comunidade", porque é dela que obtém o seu "retorno imediato".

Como Marta, alguns parlamentares enfatizam e valorizam a votação concentrada, enquanto outros preferem se apresentar como parlamentares da "cidade". Certa vez, quando precisou debater com um vereador de outro partido a respeito de suas propostas para a "cidade", Marta argumentou que a votação do orçamento é o único momento em que o vereador pode ter influência sobre a cidade como um todo. O parlamentar não concordou, defendendo que eles deveriam ser "representantes da cidade" e não de uma região específica. Marta rebateu argumentando que, para ela, "saúde" é ter caminhão de matar mosquito nas ruas, recolhimento de lixo, limpeza de rios, posto de saúde funcionando. "Isso é tudo o que as pessoas querem", afirmou.

Em outra ocasião, um parlamentar afirmou que "o vereador da cidade não pode ter uma relação privilegiada só com quem votou nele", enquanto outro disse: "O mandato tem que ser da cidade, não bairrista, regionalizado." Embora também tenham tido votações concentradas, esses vereadores acreditam que são representantes de toda a cidade, e não apenas de "sua área".

No caso de Marta e Fernando, a categoria *suburbano* é empregada sobretudo quando se quer marcar a falta de investimentos do poder público como um problema comum da população local. Essa identidade é relativa e, embora muito forte durante o contato com moradores e eleitores da região de Roseiral, pouco aparece em outras situações e com outros interlocutores. A palavra *área* também não se refere a um mero recorte espacial. A *área* de um político depende de sua relação com a cidade, da distribuição de seus votos, de sua influência nos órgãos públicos e de sua capacidade de superar a concorrência em todas essas instâncias.

A cidade é dividida e representada simbolicamente de acordo com o universo de valores dos parlamentares. Por trás do título de vereador ou vereadora da cidade do Rio de Janeiro, existe a falsa impressão de que a cidade é o agente da eleição. Através de estudos de caso como o de Marta e Fernando, percebemos que a "cidade" não é uma entidade abstrata ou um mero conjunto populacional. Existem recortes simbólicos, como as categorias *subúrbio* e *área*, que permitem compreender seus significados singulares, construídos socialmente pelos mais diferentes universos que a constituem.

• 7 •

Assessores: uma equipe que "veste a camisa"

A assessoria de Marta se divide entre os que atuam no gabinete da Câmara e os que estão ligados ao trabalho na clínica e no escritório. Neste último, trabalham seis colaboradores diretos: duas secretárias, uma assessora de imprensa e jornalista, um operador de computador, um recepcionista, um cozinheiro/faxineiro e um motorista. Onze assessores dedicam-se ao chamado "trabalho de rua", fazendo contatos com moradores de Roseiral e dos bairros próximos, levantando problemas, marcando e acompanhando reuniões com Marta. Dois advogados prestam atendimento gratuito no escritório duas vezes por semana. Há também uma assessora que atende uma vez por semana pessoas que pedem emprego. Na clínica, há médicos de diversas especialidades em horários variados, além de secretárias e assistentes.

Os assessores que fazem o trabalho de rua são divididos por áreas que coincidem mais ou menos com os bairros onde Marta e Fernando têm mais votos. Apenas eventualmente há um deslocamento para outras regiões da cidade em função de alguma situação específica. Logo que chegam ao escritório, por volta de oito horas da manhã, os assessores conversam rapidamente com Marta, relatam os acontecimentos dos últimos dias e as providências que irão tomar. A estratégia de ação é definida em função dos problemas dos moradores da região transmitidos pessoalmente à sala da vereadora ou por telefone. Certos locais recebem visitas periódicas dos assessores, para levantamento dos problemas, agendamento de reuniões ou acompanhamento de obras em execução.

Em alguns períodos, os assessores se concentram em atividades mais específicas. Nos meses que antecederam o Encontro do Subúrbio, por exemplo, a tarefa principal era divulgar o evento, organizar os grupos de moradores e seu transporte. Todos os anos, entre dezembro e março, Marta costuma dedicar-se ao atendimento de vagas de escola, sendo vários assessores deslocados para ajudá-la nesse trabalho. Além disso, entre março e outubro dos anos eleitorais, o ritmo de trabalho é alterado, pois quase todas as tarefas passam a ser ligadas diretamente às campanhas.

Na Câmara, o número de assessores é bem menor. A chefe de gabinete, Elza, cuida da agenda de compromissos oficiais e faz contatos com órgãos públicos. Horácio, responsável pela assessoria legislativa, redige projetos, emendas, discursos e cartas oficiais, além de acompanhar as votações em plenário. Trabalham também no gabinete duas funcionárias da Câmara Municipal, que fazem serviços gerais de arquivo, e outros três assessores auxiliares.

Poucas tarefas do escritório ou do gabinete exigem assessores com formação técnica especial. A principal exceção é o cargo de Horácio, que conheceu Fernando quando trabalhou na CEHAB. Mais tarde, foi contratado pelos Silveira devido à experiência em políticas públicas, adquirida em cargos importantes da administração estadual.

No escritório, Marta conta também com uma assessora de imprensa, Nádia. Embora moradora do subúrbio, ela é uma das poucas assessoras que desconheciam os Silveira até ser contratada por eles, por indicação de uma amiga de faculdade. Entre suas tarefas principais, está a redação de textos informais (como comunicados, faixas e convites) e o acompanhamento a Marta ou Fernando em entrevistas e programas jornalísticos.

A secretária Arlete começou como digitadora. Morava nas redondezas do escritório e já conhecia Fernando e Marta por conta de obras de urbanização promovidas em sua rua. Foi aluna de Teresa Silveira e obteve o emprego quando Marta precisou de alguém que digitasse o cadastro de moradores para a campanha de Fernando. A outra secretária é Dilma, que voltou ao escritório depois de já ter trabalhado com Fernando e Paulo por algum tempo.

Joana é uma assessora que faz um trabalho diferenciado dos demais. Ex-militante do PDT, atende uma vez por semana as pessoas que vão pedir emprego. Ela própria se encarrega de encaminhar os pedidos para possíveis empregadores. Seu perfil é bem diferente do de outros assessores, tanto por sua origem como pela certa "independência" com que realiza seu trabalho. Segundo Marta, a assessoria de Joana ainda é "experimental".

Além de fazer trabalho de rua, o assessor Luís é fotógrafo e cinegrafista amador. Registra todas as obras conseguidas por Marta, do início à conclusão, além de eventos mais importantes, como inaugurações e festas. As fotos são utilizadas em comunicados aos moradores, matérias de jornais locais (muitas vezes, pagas) e murais na sala de recepção do escritório. Durante as campanhas, o material filmado é editado e exibido aos eleitores.

Os assessores mais antigos começaram a trabalhar na campanha de 1986. Todos eram moradores de Roseiral ou de bairros próximos e já tinham bastante contato com Marta e Fernando. Alguns desse grupo inicial eram ligados aos marítimos, como Cláudio e Henrique, cujas famílias sempre conheceram os Silveira. Como eles, vários assessores conviveram com Marta e seu irmão na infância e adolescência. André, por exemplo, diz que foi "praticamente nascido e criado" com Marta e considera Teresa uma "mãe". Ele explica que sua família "deve eterno favor" aos Silveira, que sempre a ajudaram muito, inclusive conseguindo as vagas na escola onde ele e a irmã estudaram e custeando as despesas do enterro de seu pai.

O contato inicial com a maioria de seus outros assessores foi feito através de atendimentos. Todas as atuais assessoras "de rua" são ex-donas-de-casa e conheceram Marta em reuniões em Roseiral ou bairros vizinhos. Algumas, como Carmem e Neide, são suas amigas desde os tempos de colégio.

Marta procura a colaboração dos que se "sobressaem", fazem contatos, promovem reuniões, ajudam a desenvolver "um trabalho". A contratação dessas pessoas é importante porque "o morador da região quer a ação efetiva, local". Segundo Marta, é preciso ter as "*pessoas-chave* da comunidade", e os assessores contratados para o trabalho de rua têm justamente esse perfil.

Vilma, por exemplo — assessora que ocupa um cargo na administração municipal —, conheceu Marta quando foi pedir uma vaga de escola para seu filho. Conseguiu e, na campanha de 1992, começou a ajudar, marcando reuniões e distribuindo material de propaganda. Marta achou que ela se destacava por ter uma postura de "honestidade" e "dignidade", mas também porque "demonstrou que, ali naquela área, tinha um grupo bom que estava em torno dela. Era vantagem trazer ela pra perto."

Vários assessores foram contratados por terem características semelhantes às de Vilma. Eliane e Adelaide, por exemplo, eram amigas e conheceram Marta quando desenvolviam um trabalho comunitário em bairros vizinhos a Roseiral. Como praticamente todos os outros assessores, ambas começaram ajudando informalmente na campanha, sendo efetivadas depois da eleição.

Para a contratação dos assessores que fazem o trabalho de rua, a qualidade mais importante é serem "pessoas-chave", ou "lideranças comunitárias", como Marta definiu certa vez. É preciso que esses assessores tenham um "bom grupo", façam contatos, promovam reuniões, se interessem pelos problemas da *comunidade*. Segundo Marta, é necessário também que sejam pessoas "boas de briga", "de rua", que tenham "cara de pau" para conversar com os moradores.

O assessor deve ampliar a rede de relações de Marta, aproximando-a de um número maior de moradores da região. A participação na campanha é uma espécie de estágio em que o futuro assessor pode mostrar (ou não) se tem essas qualidades. Sua performance é avaliada pelo número de votos conquistados na região "trabalhada".

Alguns assessores atuam apenas informalmente. Para os Silveira, existem pessoas que não devem ser contratadas porque só trabalham bem nas suas *comunidades*. Marta prefere deixá-las em seu meio, em seu "habitat natural", como ela diz, porque ali elas "falam a linguagem que a comunidade entende". Isso é muito comum em época de campanha, e procura-se escolher pelo menos uma pessoa de cada área.

Há muitos com esse perfil em torno dos Silveira. Existem casos como o de Jair, que trabalha há mais de 40 anos em todas as campanhas de Fernando e, agora, também nas de Marta. Alguns são irmãos ou parentes de assessores contratados, outros são apenas vizinhos, amigos. A maioria participa das campanhas e de eventos ou atividades de maior vulto, como o Encontro do Subúrbio.

Às vezes, algumas pessoas tornam-se voluntárias em tempo integral. Ana Teresa, por exemplo, mora perto do escritório e, segundo Marta, vai até lá quase todos os dias para "se distrair". Pessoas assim acabam ajudando, atendendo telefonemas, anotando recados, trazendo problemas para ser resolvidos. Em alguns casos, Marta paga uma pequena remuneração para esses "voluntários", como o recepcionista José e o faxineiro Damião, no escritório, e o ajudante Eurivaldo, no gabinete. São pessoas que "terminam ficando", ela comenta, acabam "se envolvendo na comunidade" e depois se tornam funcionárias.

A contratação de assessores está relacionada à sua posição de *mediadores* entre Marta e a comunidade. O grupo é formado justamente por pessoas que têm a capacidade de colocar um bom número de moradores em contato com a vereadora, levando e trazendo problemas para serem resolvidos. Essas pessoas têm, por si só, uma "liderança" sobre o seu próprio grupo. Fica evidente a importância do papel que poderíamos chamar de *inter-mediador*, tão flagrante em contextos políticos.[1]

Os assessores devem "falar a linguagem que as pessoas entendem", como define Marta, ao mesmo tempo em que se "sobressaem" e se "destacam" dos demais. É justamente essa combinação de pertencimento e comunicação entre universos distantes (não necessariamente distintos) que caracteriza o papel do *mediador*.[2]

Esse *duplo vínculo* também está presente na relação de Marta com os assessores. Por um lado, existe uma forte noção de que todos são parte de uma mesma "ordem moral", com relações de vizinhança, compadrio entre famílias, freqüência das mesmas escolas etc. Por outro, os Silveira estão em posição de prestar favores e atendimento e oferecer empregos, destacando-se dos demais por seu acesso a esses bens, altamente valorizados por todos.[3]

Vestindo a camisa

A fidelidade é um dos principais critérios para seleção de assessores. Marta prefere contratar pessoas que nunca tenham trabalhado para outros políticos, temendo que a experiência alimente "fofocas" e "comparações". A entrada de um novo membro na rede requer compromisso e solidariedade. O novato deve se integrar ao método de trabalho, aprendendo os códigos internos e contribuindo para a coesão do grupo. O objetivo é fortalecer o processo de atendimento e realizar campanhas eleitorais vitoriosas. O espaço para projetos de carreira individuais é restrito. Evitando contratar "profissionais da política", Marta reforça o caráter solidário, interpessoal e dependente de seu vínculo com os assessores.

No final da década de 80, a saída de alguns assessores para trabalhar com outro político foi vivida como uma *traição*. Para Marta, a opção de seus funcionários por "melhores propostas" foi um "baque". "Eu criei essas pessoas para o mundo político", ela diz, "éramos todos uma coisa só". Para piorar a situação, o político em questão havia sido, ele próprio, assessor de Fernando dez anos antes.

O episódio da demissão de uma assessora é outro bom exemplo para entender a relação entre os Silveira e sua equipe. Dalva era responsável pelo *trabalho de rua* em um bairro próximo a Roseiral e foi demitida porque sua atuação não estava agradando Marta. Alguns dias depois, ela teria sido vista conversando com Romildo, ex-assessor dos Silveira que, anos antes, havia saído para trabalhar com Manuel Carvalho, um político da região. A notícia, dada pela assessora Carmem e seu marido Oscar, esquentou os ânimos de todos no escritório. Especulou-se que alguém teria passado a informação a Manuel, que provavelmente estava interessado em descobrir os segredos dos Silveira, seus adversários há muitos anos. Marta ficou furiosa e começou a procurar o "traidor". As suspeitas recaíram sobre Luís e Regina, cujo prestígio andava em baixa. Marta decidiu, então, simular a demissão de um funcionário para descobrir quem era o "espião" do escritório. Todos que participaram da conversa (eu, como observadora, e mais seis assessores que, naquele momento, eram considerados fora de suspeita) concordaram que a "traição" vinha de "alguém de dentro". Ao final, porém, nada foi comprovado, ninguém mais foi demitido e Dalva não foi contratada por Manuel Carvalho.

A ameaça de traição é uma preocupação constante e o pior traidor é o "espião", que fornece informações internas para o concorrente. Todos sabem que a experiência com os Silveira lhes abre um mercado de trabalho junto a outros políticos, principalmente com os adversários mais próximos. Por isso, provas de lealdade são muito valorizadas. Alguns assessores declaram que nunca irão para o "outro lado", mesmo que sejam demitidos. Eliane, por exemplo, diz: "sou Marta Silveira até morrer" – uma *adesão* que vai muito além das relações profissionais.

A existência de um mercado junto aos concorrentes é também um trunfo. Como Romildo, vários ex-assessores são contratados por políticos da região. Muitos arquivam cuidadosamente suas informações de trabalho. Na hora de mudar de emprego, listas com nomes de moradores, síndicos de condomínios e "lideranças comunitárias", assim como nomes e telefones de funcionários públicos constituem bens valiosos.

Muitos políticos têm uma grande quantidade de cargos a oferecer porque adotam um sistema de divisão dos salários oficiais. Freqüentemente, o número de assessores ou pessoas que se deseja contratar excede a quantidade de cargos disponíveis pelo mandato. Para resolver esse problema, uma prática comum nas casas legislativas é "dividir o cargo". O vereador ou o deputado nomeia alguém de sua confiança para um cargo cujo salário é dividido, informal e ilegalmente, entre várias pessoas com salários menores. Em alguns casos, o acordo prevê que o próprio parlamentar receba uma parte do dinheiro, geralmente com a justificativa de contribuição para as despesas do mandato.

Tanto a "divisão do cargo" quanto as "contribuições" para o mandato são práticas generalizadas, embora aplicadas em maior ou menor extensão. Há casos extremos, de parlamentares que juntam fortunas pessoais arrecadando para si 80% dos salários de todos os cargos disponíveis em seu gabinete. Existem aqueles que dividem cargos sistematicamente para triplicar ou até quadruplicar o número de pessoas a seu serviço. O mais comum, porém, é a divisão de apenas alguns cargos ou a divisão temporária, até que se consiga regularizar a situação. O chefe de gabinete de um vereador do PT justifica a existência de um cargo "dividido" na equipe alegando que "não dá para pagar mais de mil reais para um *office-boy*", e esse é o salário do cargo comissionado mais baixo da Câmara Municipal.

Marta afirma ter "pavor" desses sistemas. Conhece vários políticos que fazem "caixinha" ou "dividem o cargo", mas, pessoalmente, acha que isso "não dá certo", porque a pessoa nomeada fica irritada de ter que dividir – "ainda mais se estiver precisando do dinheiro", diz ela. Às vezes, o problema só é solucionado com a demissão da pessoa. Marta gostaria de ter mais assessores, mas prefere não correr o risco porque, segundo explica, "tenho um medo desgraçado de depois esse povo vir contra mim". Rejeita o sistema menos por sua ilegalidade do que pelos eventuais desentendimentos entre a equipe.

Marta conhece bem os problemas decorrentes da "divisão de cargo" e das "contribuições". Vários de seus assessores mais antigos começaram ganhando salários através de "cargos divididos". Um deles conta que trabalhou nesse sistema por quase dois anos depois de ajudar em uma campanha. Segundo ele, o deputado teve que assumir "compromissos políticos" com muitas pessoas e havia poucos cargos. Depois que Marta passou a coordenar as campanhas e o escritório de seu pai, esse tipo de prática foi reduzido.

Tanto no escritório, quanto na Câmara, as relações entre os assessores são intensas. Existe bastante espaço para "fofocas" e desconfiança, mas também para amizades duradouras e mesmo relações amorosas. Esse caráter emocional dos relacionamentos é favorecido pelo fato de todos, Marta inclusive, trabalharem freqüentemente doze ou até mais horas por dia, em ritmo acelerado. É comum a presença de maridos, esposas, filhos e outros parentes de assessores no escritório ou em eventos promovidos por Marta. A convivência favorece um ambiente de maior intimidade e, às vezes, é difícil determinar se as pessoas estão trabalhando ou se divertindo. Comumente, as conversas giram em torno de assuntos pessoais, namoros, casamento, filhos, viagens e lazer. Marta dá palpites, traz presentes quando viaja e, nas poucas horas livres, diverte-se na companhia de assessores. Há um grupo de pessoas mais chegadas em torno da vereadora que participa da sua vida quase 24 horas por dia. Como vimos, vários nasceram no bairro, estudaram nas mesmas escolas e, portanto, conhecem-na desde a infância, embora possam até vir de famílias mais humildes, como André, por exemplo.

A dedicação praticamente exclusiva de Marta ao trabalho acaba impondo o mesmo padrão a todos. Alguns assessores se ressentem do excesso de dedicação solicitado pelo emprego. Marta é acusada de não ter uma vida pessoal e, por isso, não se preocupar com o efeito desse ritmo intenso na vida particular de seus funcionários. Saúde, casamento e filhos são os pontos mais afetados. Há vários casos de separação conjugal de assessores em que o excesso de trabalho é apontado como um dos problemas. A própria Marta, quando está de bom humor, às vezes brinca dizendo que suas funcionárias vão "perder os maridos" mas, em compensação, arranjarão muitos namorados...

Em época de campanha, a rotina de trabalho é ainda mais pesada. O aumento no número de pessoas envolvidas provoca uma verdadeira revolução nas relações amorosas. Nesse período, é difícil acompanhar quem está com quem, quem se separou, quem voltou para o(a) antigo(a) namorado(a). Entre os assessores casados, alguns explicam que é preciso fazer um acordo especial com o cônjuge para sobreviver a um afastamento quase total nos últimos meses de campanha. Outros simplesmente incluem o marido (ou a esposa) e até filhos e irmãos no trabalho.

A ausência de reguladores básicos como expediente, horário de almoço, horas extras e repouso no fim de semana gera situações difíceis. André é um dos poucos que encontraram um modo de conciliar trabalho e família. Ele é casado e tem três filhos, mas na campanha de 1996, por exemplo, mandou todos para a casa de parentes no Nordeste por mais de três meses. Em compensação, sua irmã, sua mãe e vários outros parentes colaboram em todas as eleições. Já Cláudio, que também trabalha com Marta há mais de dez anos, diz que perdeu toda sua família por causa da dedicação aos Silveira. Ele se emociona ao falar do assunto, mas explica que não é mais "dono da sua vida". Sua rotina é comandada pelo trabalho, onde "não tem hora pra nada, só para começar". Segundo ele, não há tempo para outros compromissos e a vida particular fica totalmente em segundo plano.

Cláudio é um dos assessores que mais se envolvem no trabalho e tem muito orgulho disso. Fernando e Marta consideram sua postura exemplar. Alguns assessores, no entanto, criticam a negação exagerada da vida privada. As críticas partem principalmente daqueles que têm maior escolaridade ou dos que já trabalharam ou receberam convites para trabalhar com outros políticos. Para Marta, o grau de dedicação é critério fundamental na avaliação de seus funcionários. Faltar ao trabalho por causa de doenças, filho ou casamento é sinônimo de moleza, cansaço, desinteresse. Um dos assessores, por exemplo, tem muitos conflitos com a vereadora por causa das visitas que precisa fazer ao filho doente, freqüentemente internado. Outro acertou com Marta a continuação de seu curso noturno de economia, mas poucos meses depois Marta ameaçou demiti-lo se continuasse querendo "sair" todos os dias. Esse assessor acabou pedindo demissão, mas posteriormente voltou ao escritório.

O comportamento dos assessores é permanentemente avaliado por Marta. Para ela, Lindaura é um exemplo de assessora perfeita. Era uma dona-de-casa que ajudava eventualmente até ser contratada. O marido

– um padeiro que costumava mandar pães doces para a equipe – não queria, mas Marta conseguiu convencê-lo. A contratação de Lindaura tem basicamente as mesmas características da de outras dez assessoras, envolvendo conhecimento entre famílias e proximidade de residência. Como colaboradora, Lindaura é valorizada por Marta porque não é apenas uma funcionária, mas alguém que "assume", "compra a proposta", "veste a camisa", gastando até dinheiro de seu próprio salário, se for necessário. Seu perfil é justamente o oposto do do "assessor-traidor".

Como Lindaura, vários assessores resolvem os "problemas da comunidade" com seus próprios recursos. É comum ajudar este ou aquele morador "de seu próprio bolso". André, por exemplo, sempre tenta resolver os "problemas" antes de levar para o escritório. Com o dinheiro do salário, ele compra remédios, bolas de futebol, brindes para festas e o que mais puder.

A contribuição material que o assessor dá diretamente ao morador da "comunidade" não é da mesma natureza (negativa) das chamadas "contribuições" para a "caixinha". A doação de bens é positiva quando feita de modo espontâneo e voluntário, simbolizando uma *adesão* ao mundo e aos valores do político. Do ponto de vista sociológico, essa é uma contribuição moralmente obrigatória, em função dos laços de fidelidade e lealdade que estruturam a relação entre as pessoas.

Em época de campanha, pode haver uma maior explicitação dessa obrigatoriedade. Falando sobre a sua candidatura de 1996, por exemplo, Marta explicou a seus assessores que todos teriam que ajudar. Ela iria custear apenas o material de propaganda e os assessores assumiriam o resto das despesas. As mudanças eram necessárias porque não havia recursos suficientes. Além disso, brinca Marta, a equipe estava ficando muito "elitizada" e precisava "voltar à realidade". Ninguém gostou muito da novidade, mas todos sabiam que, se trabalhassem para outros políticos, ganhariam menos e teriam as mesmas responsabilidades. Por não "dividir cargos", argumenta Marta, seus assessores ganham até quatro vezes mais (cerca de R$ 1.200,00) do que os assessores dos "concorrentes".

A ajuda financeira à campanha, através da compra de material e pagamento de serviços de terceiros, é vista como uma "contribuição" normal. É sobretudo uma *obrigação* do assessor que tem compromisso genuíno — lealdade, fidelidade — com o político. A campanha coloca em risco a continuidade da relação assessor-parlamentar. É um momento-chave em que suas qualidades precisam ser provadas: a influência na comunidade, a capacidade de disputar e tirar votos dos adversários, ao mesmo tempo em que "protege" os votos de seu "chefe" na *área*.

Uma análise sobre as relações de trabalho deve compreender tanto as relações internas, "dentro" do grupo, quanto aquelas que envolvem o mundo exterior, de "fora". O ambiente de trabalho no universo dos Silveira é regido por regras que não se encaixam propriamente numa lógica de economia monetária. Nesta, as relações seriam impessoais e objetivas, baseadas no ideal de universalidade do indivíduo e de seu "intelecto".[4]

A existência de universos como o dos Silveira dentro de uma grande metrópole, caracterizada justamente por ser o *locus* por excelência da lógica universalista, não é uma exceção, como têm mostrado diversas pesquisas no Brasil e em outros países. Park, por exemplo, apontou a peculiaridade da *ordem moral* de certas relações entre "chefes políticos" e seus cabos eleitorais. Identificou laços de "lealdade" e "proteção pessoal", assim como a forte idéia de pertencimento ao grupo, por oposição ao resto da cidade – numa situação muito próxima à do universo dos Silveira. As acusações de *traição* (em contraste com a devoção) expressas pelos assessores mostram o valor atribuído à homogeneidade do grupo ("éramos uma coisa só", diz Marta) e o seu fechamento ao mundo de fora, representado pelos "concorrentes".[5]

No caso de Marta e seus assessores, temos relações envolvendo compromissos pessoais de *honra* e *gratidão*, que tendem a se sobrepor aos *projetos individuais*, embora não os anulem. As relações de trabalho se confundem com relações sociais, amorosas e familiares: são relações de caráter *múltiplo*. Para os assessores de Marta, os sistemas de remuneração, de divisão de tempo e de trabalho não se referem apenas a uma parte "objetivamente interessada de sua personalidade", como definiu Simmel, mas à sua identidade como um todo. O prestígio dos assessores junto a Marta é medido justamente pela força de sua adesão a essa ideologia. Casos como o de Eliane ("Sou Marta Silveira até morrer"), de Cláudio ("Você passa a não ser dono da sua vida") ou Lindaura (que "compra do salário dela" e "veste a camisa") são exemplos do comportamento valorizado como ideal. Seus préstimos aos Silveira não são regulados por um "contrato de trabalho" moderno. O compromisso que os une passa pela lógica da dádiva e das obrigações que fazem parte desse sistema.[6]

Desse ponto de vista, a *traição* seria o comportamento mais negativo. Porém, a existência de "traidores" mostra que dentro do universo dos Silveira também há espaço para negociações e *projetos* baseados em relações de cunho mais individualista. A existência dos "concorrentes" oferece um *mercado de trabalho*, com relações de oferta, procura, experiência e valor profissional. Marta e seus assessores têm, em maior ou menor grau, consciência dessas alternativas. A preocupação em contratar apenas pessoas que "nunca tenham trabalhado com outros políticos" ou em comparar salários e vantagens entre o diversos esquemas de trabalho mostra que o mercado externo afeta as suas decisões. São inúmeras as histórias de assessores que saem, voltam, ou recebem convites para trabalhar com outros políticos. Também não são raros os casos daqueles que resolvem partir para uma carreira parlamentar própria — às vezes, com sucesso.

Fica claro, portanto, que existe um *campo de possibilidades* que permite a construção de *projetos individuais*, ainda que influenciados por outros projetos e experiências socioculturais do indivíduo e de seus contemporâneos. Os *projetos* nunca são "puros", isto é, independentes do contexto social em que se desenvolvem. Observando o sistema de trabalho da equipe dos Silveira, vemos que existem diversos modos de combinar as lógicas em jogo, podendo prevalecer uma ou outra, conforme o interesse, a capacidade e as condições sociais envolvidas.[7]

• 8 •

Política: "acessos que não têm preço"

A posse de um mandato é condição fundamental para se ter acesso aos recursos públicos, sejam eles cargos, bens, obras, benefícios legais, burocráticos ou simbólicos. Sem um mandato, o político pode até "orientar", mas "não tem acesso", diz Marta. Aí reside a grande diferença entre ser um mero assessor ou um parlamentar eleito, como explica a vereadora: "Antes [do mandato] *eu não tinha o conhecimento e o acesso* [...]. O trabalho comunitário é muito ligado à prefeitura e a gente tinha dificuldade de encontrar caminhos na prefeitura. Então hoje eu faço isso direto, não uso intermediário. Hoje eu abro esse espaço."

Ter *acesso* é o que diferencia os parlamentares das demais pessoas. Apenas através da política, é possível adquirir conhecimento, "encontrar caminhos" e "abrir espaços" junto ao Poder Executivo.

"A política é um meio facilitador de *acessos que não têm preço*", afirma Marta. Poder econômico e poder político são de natureza distinta. Os *acessos* não podem ser comprados. Precisam ser conquistados através de um mandato e das alianças que o envolvem. Se eleito, o maior benefício obtido pelo político não é o dinheiro, mas sua posição de intermediário ou "facilitador" – isto é, alguém que detém os *acessos* na política.

Uma vez de posse do mandato, o parlamentar pode ampliar consideravelmente os seus *acessos* oferecendo cargos públicos aos seus aliados. A contratação de Elza, assessora que trabalha no gabinete de Marta, é um bom exemplo. Professora, funcionária pública e ex-assessora da Secretaria de Educação Estadual, Elza conheceu Marta através de amigos comuns e foi contratada devido aos seus "contatos" na área de educação. Para fortalecer o atendimento das vagas de escola, Marta precisava de uma pessoa que conhecesse bem o meio, e Elza tinha justamente esse perfil. Sua participação é decisiva para o sucesso do atendimento que os Silveira prestam aos moradores de Roseiral.

Diversas pessoas são contratadas pelos Silveira para reforçar seus *acessos*. Assumem os cargos, mas poucos freqüentam a Câmara Municipal ou a Assembléia Legislativa. Prestam serviços de "bastidores", como intermediários entre os Silveira e os órgãos públicos aos quais estão ligados. Alguns ajudam também nos períodos de campanha. Há, por exemplo, o caso de um médico, nomeado para um cargo comissionado no gabinete de Fernando por ser funcionário do posto de saúde de Roseiral, ajudando os Silveira no atendimento à população do bairro.

Também existem nomeações destinadas à obtenção de recursos privados. É o caso de Miguel, por exemplo, que ocupa uma posição importante em uma rede de ensino particular. Recebeu um cargo comissionado na Câmara e passou a conseguir vagas em escolas para Marta e Fernando.

Muitas vezes, a pessoa contratada é uma fonte de *acessos* indireta, ligada por parentesco aos verdadeiros "facilitadores". Márcia, por exemplo, conseguiu um cargo no gabinete de Marta (onde trabalha apenas duas vezes por semana) por ser esposa de um funcionário da administração municipal. Seu marido, Nelson, é diretor do órgão responsável pela conservação e manutenção de ruas próximas a Roseiral. Outra funcionária do gabinete, Rita, também foi contratada por ser casada com Pedro, ligado ao governo estadual. O próprio Pedro já teve um cargo comissionado junto aos Silveira e, como Nelson, atende os pedidos encaminhados ao seu departamento. Diversos membros da família Silveira também têm cargos na Assembléia e na Câmara. A própria Marta é hoje funcionária do Estado, assim como vários de seus parentes.

Além de funcionários da administração municipal ou estadual e de pessoas ligadas a esses funcionários, há os que são indicados para ocupar cargos comissionados por empresários e servidores públicos em posições de alto escalão. Entre os primeiros, estão comerciantes ligados ao setor de material de construção e profissionais liberais que prestam serviços a grandes empresas. Uma dessas pessoas é Flávio Nunes, antigo morador de Roseiral, que conhece os Silveira há muitos anos e tem diversos parentes no gabinete de Fernando: "É só assinar o ponto no final do mês e mais nada, há muitos anos", explica o deputado. Fernando também recebe ajuda de pessoas influentes do governo. Entre eles, há um ex-procurador, hoje desembargador, Sílvio, cuja carreira ajudou a desenvolver na década de 60. Sílvio foi funcionário do gabinete e, mais tarde, passou o cargo para um sobrinho.

Alguns funcionários públicos freqüentam com tanta assiduidade o escritório dos Silveira que podem ser facilmente confundidos com assessores. O melhor exemplo é o de Renato, técnico de uma empresa municipal, que vai quase todos os dias ao escritório ou ao gabinete de Marta, além de falar diversas vezes ao telefone com a vereadora ou um de seus assessores. A empresa onde Renato trabalha é uma das que mais atende às reivindicações dos moradores encaminhadas pelos Silveira. Em suas visitas, Renato conversa com Marta sobre as obras em andamento, mas também participa de discussões a respeito de assuntos internos do escritório. Durante um certo período, coordenou reuniões semanais com a equipe e, além de ser amigo pessoal de Marta, ajudou a organizar sua campanha de reeleição.

Outros funcionários públicos, como Wilson, Tílio, Oliveira e Pedroso, também estão sempre acompanhando as atividades de Marta ou falando com ela ao telefone várias vezes por semana. Todos trabalham em órgãos da administração pública que prestam serviços essenciais à população, como coleta de lixo, abastecimento, segurança, conservação, iluminação, entre outros. Estes e diversos outros funcionários facilitam o atendimento das demandas de Marta e Fernando aos seus respectivos órgãos. Em conseqüência dessa proximidade com os Silveira, alguns conseguem promoções ou mesmo cargos com remuneração extraordinária, além de prêmios e distinções. Wilson e Tílio, por exemplo, foram agraciados com medalhas do Legislativo estadual. Oliveira e Pedroso, depois de colaborar na campanha de Fernando, foram nomeados para cargos de chefia em setores da administração municipal.

O contato inicial dos Silveira com esses funcionários se dá de maneiras diversas. Oliveira, por exemplo, é filho de um ex-deputado amigo de Fernando e conseguiu um cargo efetivo na Assembléia. Com a perda do mandato de seu pai, aproximou-se de Fernando, trabalhando em suas campanhas e ajudando sempre que solicitado. Há também casos de ex-funcionários que, através dos Silveira, conseguem cargos estáveis na administração pública. Júlio, por exemplo, trabalhou durante oito anos como motorista de Fernando e depois foi efetivado como funcionário da Assembléia. Em todos os anos eleitorais, ele organiza uma equipe e faz campanha por conta própria para os Silveira.

A mudança dos Silveira para o partido do prefeito, pouco depois da eleição, ampliou seu universo de *acessos*. Marta pôde nomear uma de suas assessoras como administradora regional. A convivência com outros funcionários da Prefeitura responsáveis por serviços na região aumentou, assim como o atendimento de suas solicitações. Freqüentemente, Marta começa o dia visitando esses órgãos e saindo com seus funcionários para mostrar problemas ou vistoriar obras em andamento.

Logo nos dois primeiros anos de mandato, Marta ocupou um cargo importante em uma das comissões da Câmara Municipal. Essa posição permitiu que ela conhecesse muita gente e aprendesse a respeito das funções de diversos setores da administração pública. O dia-a-dia com os parlamentares na Câmara ampliou sua rede de alianças, embora também tenha feito crescer o número de desafetos.

Outra importante fonte de *acessos* é o Rotary Club de Roseiral. Marta era freqüentadora assídua das reuniões e, depois de eleita, passou a comparecer apenas a festas e eventos especiais. Ainda mantém contato com alguns membros e com freqüência utiliza um cartão pessoal assinado para encaminhar pessoas com problemas ao secretário do Rotary local.

As alianças fortalecem direta e indiretamente a obtenção de *acessos*. Em troca, os beneficiados ajudam no trabalho de atendimento e no financiamento das campanhas. O empresário Flávio Nunes, por exemplo, é um colaborador constante. Começou sua carreira de advogado em um pequeno escritório de Roseiral, prestando serviços para comerciantes e empresários da região. Costumava procurar Fernando para resolver os "problemazinhos" dos clientes: "Ele ia me pedindo, eu ia encaminhando e resolvendo", lembra o deputado. Com o tempo, o escritório de Flávio Nunes cresceu e passou a atender grandes empresas. Ele próprio, segundo Fernando, ficou "riquíssimo", tornando-se sócio de indústrias, empreendimentos e negócios no Brasil e no exterior. Flávio é um dos principais financiadores das campanhas de Fernando e Marta — é quem dá "praticamente toda a cobertura", diz Fernando. Flávio também colabora cedendo os imóveis onde os Silveira mantêm o escritórios e a clínica. Fernando explica:

> É um cara muito meu amigo, entende? Nasceu em Roseiral. É um cara que, efetivamente, tudo o que eu quero ele atende. Se não pedir, ele oferece. [...] As minhas amizades são muito enraizadas, elas não desagregam, porque eu assumo a paternidade de todos os problemas... porque efetivamente *eles têm dificuldade de acesso*... então eles transferem para mim. Eu praticamente administro essa parte. Incluindo o alvará, ou melhor, vem desde a época da fundação dos prédios que são construídos destinados a essa ou aquela atividade por ele orientada. Essa tem sido realmente a minha assistência, que tem sido permanente. Acredito mesmo que tenha contribuído muito para o enriquecimento dele. [...] Então, logicamente, tudo isso deve contribuir para aumentar o conceito e a confiança que ele adquire junto aos donos dessas organizações. Esse é o meu estilo de trabalho.

A colaboração de Fernando não se restringe à solução de problemas dos clientes de Flávio. Diversos parentes do advogado que já eram funcionários públicos foram transferidos para um dos gabinetes dos Silveira para não precisar trabalhar. Fernando justifica:

> É a maneira de retribuir a ajuda que ele me dá. Não vou dizer a você que é de graça. Acho que eu dei muito mais a ele do que ele me deu, entende? Jamais diria isso a ele. A rigor, a rigor, a rigor, eu sei mais ou menos que o que eu já resolvi pra ele representa mais ou menos em termos de projeção... pois a própria empresa, a atividade que ele exerce cresce na proporção que vai resolvendo as coisas — isso tem uma repercussão muito grande junto a outros comerciantes, atrai clientes e aumenta o reconhecimento dele.

Para Fernando, as contribuições e usufruto dos imóveis de Flávio valem menos do que a "projeção" e o "reconhecimento" alcançados graças à sua influência como deputado. Estes são os bens simbólicos proporcionados pelos *acessos* que "não têm preço", como diz Marta. Não são bens intercambiáveis diretamente por esta ou aquela ajuda financeira. A troca é motivada pela "amizade", diz Fernando, e não se pode cobrar do outro aquilo que se deu ou recebeu. É preciso que a troca permaneça como um processo livre, espontâneo e voluntário. A explicitação de valores, balanços e cobranças fere a dimensão de amizade e afeto. Fernando valoriza sua posição de deputado: o que tem ele diante do amigo que possui imóveis e negócios em várias partes do mundo? Tem um mandato, tem *acessos*.

O contato de Fernando com Flávio Nunes, assim como com outros profissionais liberais, empresários e comerciantes que ajudam em suas campanhas e na manutenção do processo de atendimento (principalmente através da doação de materiais), tem origem em relações de vizinhança, compadrio, parentesco e convívio social. Essas são as bases de um setor importante dentro da rede dos Silveira. A manutenção dessas relações é em grande parte garantida pelos acessos, conquistados por Marta e Fernando através da política.

Em sua longa experiência, convivendo com políticos desde os tempos do sindicato, Fernando fez certas opções em relação às redes e aos modos de conquistar *acessos* e recursos de várias naturezas. Como vimos, sua relação com as diferentes administrações públicas com as quais conviveu como deputado foi baseada principalmente em contatos com funcionários de órgãos ligados a serviços de obras, saneamento e conservação urbana. A filiação partidária nunca foi um fator importante. Seus vínculos mais fortes sempre foram com pessoas específicas e não com organizações. No contexto de sua passagem do PMDB para o PDT, por exemplo, pesou decisivamente a relação com Miro Teixeira e a chegada do PDT ao Poder Executivo do Estado. Miro foi o principal responsável pela conquista de um cargo público para Fernando nos anos em que ficou sem mandato. Essa ajuda foi uma demonstração de solidariedade que marcou sua família. Teresa e Paulo Silveira apóiam Miro em qualquer eleição, independentemente de ele estar em um partido e Fernando em outro. Fazem isso "porque gostam dele, porque acham que ele foi amigo, que isso não há dinheiro que pague", diz Marta. Ainda assim, posteriormente, Fernando decidiu não apoiar Miro porque este já não fazia parte de sua rede de *acessos*. "Era uma decisão política", justifica Marta. Ela e o pai estavam agora no PFL, partido adversário do PDT.

No início da década de 90, quando várias pessoas importantes deixaram o PDT, ela e Fernando não saíram porque havia um "compromisso" do partido em relação a "obras na comunidade". Depois da eleição de 1992, com a vitória do PFL no município, Marta e Fernando foram para o "partido do prefeito" porque precisavam de "respaldo para atuar junto à comunidade". Embora fosse possível conseguir obras como vereadora de outro partido, a transferência deu a Marta muito mais liberdade para "pedir um monte de coisas", ela explica, já se justificando: "Dizem que é oportunismo. É sim. Se tiver que dizer para o presidente 'você é bonitinho... e eu quero tal e tal coisa', então eu digo."

A filiação ao partido A ou B é condicionada às chances de se conseguir obras. Adere-se ao partido que estiver em melhores condições de garantir os *acessos* necessários ao processo de atendimento dos moradores e à manutenção das alianças com outros membros da rede que estão fora da política, como Flávio Nunes.

A entrada para o partido da situação garantiu um maior acesso dos Silveira aos recursos públicos. Marta e Fernando passaram a ter audiências regulares com o prefeito. Freqüentemente, ambos faziam avaliações positivas desses encontros, afirmando ter conseguido "liberar" obras, pedidos e um "monte de coisas" importantes. Como vimos, puderam também organizar o Encontro do Subúrbio, com a presença do prefeito e de vários de seus secretários, e promover visitas esporádicas de outras "autoridades" a Roseiral e bairros vizinhos. Além disso, Marta e Fernando passaram a ser convidados para inaugurações e festas organizadas pela Prefeitura.

Obras, audiências, visitas e convites dão dimensão concreta à noção de *acesso*. Para obter esses benefícios, é preciso cultivar alianças. A filiação ao PFL não deu aos Silveira *acessos* irrestritos aos recursos da administração municipal. Depois da transferência de partido, Marta e Fernando tiveram que lutar muito para ampliar estes *acessos* e, principalmente, para neutralizar a ação de correligionários que tentavam fazer o mesmo.

Marta explica que, apesar dos "precedentes", filiou-se ao PFL para conseguir as obras que Roseiral precisava. Teve que "engolir sapos", mas achou que era preciso "abrir mão das coisas pessoais" pelo "objetivo maior, que é a comunidade". Foi em nome disso que resolveu fazer o "sacrifício" de ir para um partido "difícil", ligado ao "poder econômico", justifica.

Marta teve diversos problemas e confrontos diretos com o subprefeito da região, César Silva. Também filiado ao PFL, César estaria se preparando para disputar as eleições para o Legislativo municipal em 1996. Suas atividades eram uma ameaça à condição de Marta como vereadora e candidata da *área*. A indicação da administradora regional pouco adiantou, pois a "subprefeitura" tornou-se politicamente mais importante. Ao dividir a cidade em áreas, o prefeito atingiu seu objetivo, que era eleger vereadores seus aliados. Fernando tentou vencer a disputa, entrando no PFL para poder "neutralizar" o subprefeito da área, que, na sua visão, empreendia uma "campanha violenta" contra Marta: "Ele não pode realmente fazer nada em Roseiral. Tudo de Roseiral é da Marta. Isso é um acordo com o prefeito, mas ele não está respeitando nada. Também a Marta não está respeitando as áreas dele... aí fica difícil de você contestar."

A filiação deveria garantir um "acordo" com o prefeito. Os *acessos* de cada um seriam distribuídos segundo as suas *áreas*. Na prática, ambos desrespeitaram a partilha, "invadindo-se" mutuamente. Quando o subprefeito teve de se desincompatibilizar do cargo para se candidatar, Fernando tentou em vão nomear alguém de sua confiança.

Toda a administração pública é classificada pelos Silveira em termos das possibilidades de *acessos*. Certos setores tornaram-se inatingíveis devido a restrições legais e burocráticas. No caso de concursos públicos, por exemplo, praticamente não existe mais a possibilidade de burlar o regulamento. Procurada por uma mulher que havia sido reprovada em um desses concursos, Marta respondeu com firmeza: "Antigamente cada político tinha tantas vagas. Não dá mais para intervir. A Constituição acabou com isso. Só entra com concurso."

Existem alguns setores do governo que, embora permeáveis às influências políticas, não fazem parte da rede de *acessos* dos Silveira, seja por desinteresse, seja por impedimento. O sistema de previdência social é um bom exemplo. Os advogados que atendem gratuitamente no escritório não aceitam causas nessa área. O motivo, explica Marta, é que "as questões da previdência são mais complicadas – depende de ter *acesso* e eu não tenho *acesso* a esse pessoal". Certas empresas ligadas à administração federal, como a companhia telefônica (antes de ser privatizada), também apresentam dificuldades de *acesso.* Marta e Fernando recebem milhares de pedidos para intervir, mas as solicitações dificilmente são atendidas.

Nas esferas estadual e municipal, os Silveira têm muito mais *acessos*, embora isso não signifique um domínio generalizado dos recursos. Ao contrário, existem diversas redes políticas e é preciso saber *quem* ou *quais* redes controlam o *acesso* a que órgão. É comum ouvir de Marta, de Fernando ou de alguém da equipe que a secretaria A ou B é "do PT" ou "do fulano". Em 1996, por exemplo, quase nenhum pedido era encaminhado às Secretarias de Esporte e Lazer, Urbanismo, Desenvolvimento Social ou Educação, pois se sabia de antemão que a resposta seria negativa. Todos esses órgãos estavam mais ou menos fora do sistema de alianças dos Silveira.

Não existem fronteiras rígidas definindo o alcance das alianças políticas. Há sempre uma margem maior ou menor de negociação, dependendo das pessoas e dos recursos envolvidos. Em alguns casos pode acontecer de um político da "oposição" ter grande *acesso* a determinado órgão ou secretaria. Ocorrem freqüentemente casos como o de um vereador do PT, por exemplo, que conseguiu ser o intermediário entre a população e um setor da Secretaria de Obras durante todo o seu mandato, em pleno governo do PFL. Pelo menos em parte, seu sucesso deveu-se a contatos pessoais e afinidades profissionais com diversos funcionários da Secretaria. O inverso também ocorre, isto é, ver-se diante de uma dificuldade de *acesso* junto aos seus próprios aliados. Por exemplo, certa vez, Marta tentou conseguir a transferência de escola de uma professora da rede municipal. Como de hábito, deu um cartão seu, assinado, para que a professora conseguisse uma audiência com algum funcionário importante da Secretaria. No dia seguinte, a professora voltou dizendo que "nem quiseram ver" o cartão. Marta ainda tentou acionar os contatos de Elza e Miguel (funcionários do seu gabinete), mas não houve resultado positivo. Casos como esse são até tolerados quando o número de pedidos é relativamente pequeno. A situação é bem mais tensa quando a negativa parte de setores cujo *acesso*, do ponto de vista de Marta, é fundamental.

A Fundação Parques e Jardins, responsável, entre outras coisas, pela poda de árvores e pela arborização de praças e vias públicas, é um foco de conflito permanente para os Silveira. Apesar de ter se transferido para o partido do prefeito, Marta não consegue ser atendida nesse órgão, solucionando menos de um décimo dos pedidos encaminhados. Por conta dessa "ineficiência", ela chegou a organizar uma listagem no computador (com mais de mil endereços de locais que precisavam de serviços) para mostrar pessoalmente ao prefeito. Cláudio, assessor de Marta, explica a situação, falando a respeito de uma praça que deveria ser construída por essa mesma Fundação:

> Tem muito empecilho político, porque a Secretaria do Meio Ambiente, dentro de uma composição política, não é do partido do prefeito. Quando bate na Parques e Jardins, Marta tem que ir direto ao prefeito, porque sempre vão relegar a segundo plano por não ser do mesmo partido. Aí, ela teve que ir no prefeito. Ele assinou e mandou executar. Foi quando saiu a praça. Senão, ia ficar no papel.

O sistema de alianças não é simples, nem linear. Ao se tornar vereadora e se transferir para o partido do prefeito, Marta passa a fazer parte de uma rede de *acessos*. Ainda assim, para que suas reivindicações sejam atendidas, precisa disputar espaço com outros políticos que desejam fazer o mesmo. A necessidade de recursos gera conflitos e disputas para saber qual dos grupos tem *acessos* mais fortes. (Há também na fala de Cláudio uma síntese de como os Silveira entendem o sistema de utilização dos recursos públicos. Estes só existem através dos *acessos*, da intermediação política. Em nenhum momento se discute a pertinência da praça, que é dada por ter sido pedida por moradores de Roseiral.)

As alianças se dão em vários níveis. Diversas redes constróem seus *acessos* ao prefeito e quase sempre os disputam entre si. Na Câmara Municipal, o posicionamento dos parlamentares da situação ou dos partidos e grupos considerados de apoio ao Poder Executivo dá margem a acusações de "infidelidade", "jogo duplo" e falta de compromisso entre supostos aliados. Essas discussões são levadas ao prefeito e usadas para enfraquecer o *acesso* deste ou daquele vereador. Algumas vezes, o próprio prefeito é acusado de estar "jogando dos dois lados" como parte de uma estratégia para manter suas alianças equilibradas.

O valor do *acesso* ao ocupante do cargo máximo no Poder Executivo — seja o prefeito ou o governador — é muito alto. Na Câmara Municipal, o prefeito é chamado por seus aliados de "chefe", num tom bem humorado, mas que indica a assimetria das suas posições. Além de ser do mesmo partido ou de fazer parte da bancada de apoio, é preciso conversar e cultivar a aliança no dia-a-dia. Marta esforça-se para estreitar esses laços, procurando defender o Executivo na Câmara. É preciso "votar as coisas de interesse do prefeito", ela diz, porque "eu também preciso concluir minhas obras."

O trabalho legislativo é uma das contrapartidas importantes para a criação e manutenção dos *acessos* junto ao Poder Executivo. O recém-chegado na Câmara Municipal passa por um processo de aprendizagem. Logo no começo da legislatura, Marta preocupava-se em conversar, buscar informações para "saber onde eu estava pisando". Era preciso adquirir a "malandragem" dos mais experientes, que já têm domínio da "história da Casa". Na época, Marta ainda não havia se transferido para o partido do prefeito, mas já se preocupava em ter um "bom trânsito" com todos os vereadores e partidos.[1]

De início, Marta percebia algumas distinções importantes entre os vereadores. Para ela, os "ideológicos" têm ideais mas às vezes são muito "radicais", fazendo oposição "ferrenha" a tudo que é proposto pelo governo. No outro extremo, estariam os vereadores que só têm "interesse em ganhar dinheiro". Estes formam grupos em torno de "lobistas" — parlamentares que defendem os setores empresariais e, segundo se diz na Câmara Municipal, distribuem dinheiro para aprovar projetos. Haveria ainda aqueles que, como Marta, procuram tomar suas decisões de acordo com uma avaliação caso a caso. Finalmente, há também vereadores cuja postura "não se consegue identificar muito bem".

Marta mudou de partido e, a partir da segunda metade do mandato, começou a ter que assumir mais claramente sua posição de aliada do governo, abandonando a postura, que antes defendia, de nunca participar de grupos: "Depois que eu passei para o partido do prefeito, não tem muito que questionar nada; tem que seguir as coisas que ele determina. Às vezes eu fico um pouquinho insubordinada."

Como vereadora da situação, o "bom trânsito" de Marta tem que ser usado para conquistar apoio para os projetos da Prefeitura. A nova postura tornou mais evidente as diferenças entre seu estilo de trabalho e o dos outros vereadores. Os embates em Plenário acirram certas rivalidades, motivando acusações de parte a parte. Marta admira a seriedade de alguns vereadores que chama de "ideológicos", mas ironiza a crítica que eles fazem ao seu "trabalho comunitário" e ao seu modo de administrar os cargos comissionados.

> Esses ideológicos, por exemplo, pra mim eles são teleguiados. Eles não fazem exatamente aquilo que eles têm vontade. Por exemplo, a [vereadora do PT] tinha a maior vontade de empregar o irmão dela, mas não podia. Então ela pedia pra eu empregar o irmão dela. O [outro vereador do PT] vive me pedindo vaga de escola. O [vereador do PDT] também. Então esses ideológicos têm que atender a comunidade, têm que atender os amigos! São as pessoas que ajudam eles. Só que o partido não permite. Aí eles usam os outros políticos. O que eu atendi de vaga de escola de vereador esse ano é brincadeira! Falei pra eles: "Eu não tô trabalhando pra vocês!"

Nessa crítica espontânea, Marta mostra com muita clareza que não concebe a idéia de um vereador que não precise empregar e "atender" as pessoas que os "ajudam" — os parentes, a "comunidade" e os "amigos". "Têm que atender!", ela exclama. A obrigação decorre da noção de que *a política é um meio para os acessos.* Assim, as pessoas que "ajudam" o vereador a se eleger precisam e esperam ser recompensadas com esses *acessos* (empregos e vagas de escola, nesse caso).

A necessidade de conquistar apoio leva Marta a se aproximar de vereadores que têm uma visão de política mais próxima da sua. Sua amizade com Olavo Eiras é um bom exemplo:

> Sou uma pessoa que tem a maior adoração pelo Olavo Eiras, de quem ninguém gosta. [...] É a figura do lobista. [...] Mas é uma pessoa que é amiga. Tenho uma gratidão a ele violenta. Na época da eleição do meu pai, a gente só tinha uma Kombi pra trabalhar [...] e a Kombi foi assaltada aqui nessa esquina. [...] Eu fiquei desesperada. [...] Não tinha dinheiro pra com-

> prar. [...] Ele me emprestou a Kombi. Isso pra mim foi o máximo! [...] Na época, ele me deu ajuda de mil camisetas. Me deu saco de cimento que tinha... Então eu tenho uma gratidão por ele muito grande. Ele é grosso pra caramba, mas eu tenho o maior carinho por ele. O maior carinho!

Além da defesa de interesses de empresas, Olavo Eiras também mantém um escritório onde atende cerca de duzentas pessoas por dia. Ele brinca com Marta dizendo que ela poderia atender mais também se quisesse, ao invés de se preocupar tanto em conseguir obras para a sua região. Marta desconversa e, reservadamente, diz que não está interessada em acordos que possam deixá-la "com o rabo preso". Sua proximidade com Olavo não significa que ela aceite fazer parte do grupo "lobista", e sim que existe uma afinidade baseada em valores comuns. Olavo compreendeu o desespero de Marta com o roubo da Kombi às vésperas da eleição e ainda colaborou doando camisetas e cimento para a campanha de Fernando. Sua "ajuda" espontânea provocou "adoração", "gratidão" e "carinho". Baseada nesses sentimentos, Marta procura apoiá-lo no Plenário, mesmo que apenas se omitindo, quando não concorda com o que está sendo proposto. Na Câmara Municipal, Olavo é conhecido por "liderar" um grupo de parlamentares. Marta não é classificada como membro desse grupo, mas sua amizade com Olavo não deixa de representar um patrimônio importante para sua rede, pois, quanto maior for sua eficiência em aprovar os projetos de interesse do Executivo, maior será sua chance de ter *acesso* aos recursos controlados por esse Poder.

As relações que envolvem conquista de *acessos* não são todas da mesma natureza. O acordo com o prefeito, materializado pela mudança de partido, não está baseado em sentimentos de amizade e afeto como os que unem Marta e Olavo, por exemplo. O prefeito ocupa uma posição hierarquicamente superior à dos Silveira. Ele é o "chefe", como Marta se refere constantemente. É preciso cuidar para que ninguém "faça minha caveira" com o prefeito, ela explica. Como no acordo que deu origem à sua primeira candidatura, os votos são os bens mais importantes que os Silveira dispõem para negociar o *acesso* junto ao prefeito. A atuação na Câmara Municipal consolida a aliança, desde que Marta atue como uma vereadora fiel, que siga as "rédeas", que faça aquilo que foi "determinado".

Na prática, porém, isso não garantiu a Marta o *acesso* à Fundação Parques e Jardins, não impediu que o "subprefeito" invadisse sua *área*, nem que parlamentares do seu próprio partido agissem como seus adversários. É preciso estar sempre lutando para fazer com que os *acessos* tornem-se um "direito". Marta explica que existe dificuldade junto a alguns órgãos municipais, por conta de outras alianças, mas briga muito para que o atendimento seja uma "obrigação" — "tem que fazer", ela diz, "nem que seja por mal".

Marta gosta de dizer que "não tem alianças com o poder público", mas com "pessoas" ligadas a esse poder. Na classificação de "quem é quem", há os que nem devem ser procurados, pois são "ligados" a outros políticos. Há os que a "aturam" por causa do acordo com o prefeito. Mas os verdadeiros aliados são aqueles que "a gente procura", porque "gostam" ou "se sensibilizam" com o "nosso trabalho". Assim, independentemente do acordo com o prefeito, é preciso cultivar *acessos* encontrando essas pessoas com quem se pode estabelecer uma relação de afeto e admiração.

Existe, portanto, uma distinção entre as noções de aliança e *acesso*. Os *acessos* são as alianças que efetivamente resultam em atendimento. Só se consegue *acessos* através de relações com *pessoas*, e não com o poder público, aparentemente impessoal e distante.

Marta conheceu muitos funcionários da Prefeitura de tanto solicitar serviços de seus órgãos. A princípio, eles a atendiam porque era "obrigação", mas depois começaram a "fazer amizade", ela explica. Da parte dos assessores, também é comum dizer que conseguiram este ou aquele atendimento porque "fizeram amizade" com os funcionários responsáveis.

A reivindicação por um recurso público deve ser motivada pelo "amor" e "apego" a Roseiral e a todos os bairros da região. Não é uma questão profissional que está em jogo, mas o sentimento de quem "faz parte da história" do lugar. É o amor e a emoção, em contrapartida à razão burocrática. "A gente fala com sentimento", diz Marta, e isso "sensibiliza" as pessoas.

Renato, por exemplo, é um funcionário municipal que foi se aproximando e "fazendo amizade com o pessoal", como conta Cláudio.

Com o tempo, passou a freqüentar o escritório para acompanhar a "fofoca" do final do dia. Pessoas como ele acabam se tornando amigas porque descobrem uma "visão de política diferente", diz Marta. Quando chegam ao escritório, vêem um "bando de malucos" tentando "produzir sem ter condições e estrutura". Marta idealiza: "A gente está desprovido de vaidade e de interesses escusos. É todo mundo duro, mas tem ideal."

As amizades produzem os *acessos* mais valiosos. Através de Renato, que é engenheiro e trabalha em um órgão responsável por serviços de urbanização essenciais, foram realizadas centenas de obras na região dos Silveira. Renato ajuda acompanhando a execução de projetos depois que o prefeito aprova as indicações feitas por Marta na Câmara. Além disso, informa sobre projetos já programados pela empresa para que a vereadora ou o deputado possam assumir sua "paternidade" junto aos moradores.

Como Renato, Roberto é outro servidor público que se tornou amigo de Marta. Engenheiro de uma empresa estadual, atua como intermediário, direcionando investimentos para a região de Roseiral. Os beneficiados são moradores que fazem contatos com o escritório ou, até, os próprios assessores dos Silveira. Arlete, por exemplo, adora Roberto, principalmente depois que ele promoveu uma obra perto de sua casa: "Ele disse que só foi porque eu morava na rua."

Além de Renato e Roberto, que mantêm contato quase diário com o escritório, Marta recorre a vários outros amigos para resolver os problemas dos moradores. Muitos são funcionários de órgãos que prestam serviços de conservação e urbanização. Os Silveira também têm amizades com pessoas que trabalham em órgãos de fiscalização, segurança e administração, entre outros, além de contatos com empresas privadas que prestam serviços, através de licitações, para as administrações estaduais e municipais.

Algumas dessas pessoas ou seus parentes têm cargos nos gabinetes dos Silveira. A maioria é funcionária pública e ganha o cargo para aumentar seus rendimentos ou para trabalhar menos. Esses ganhos são considerados uma prova de amizade, como vimos anteriormente.

A amizade e os *acessos* também são promovidos e cultivados através de pequenos "agrados", para usar uma expressão de Marta e, principalmente, através do convívio social, da troca de presentes e do compadrio. Os Silveira vão a festas de 15 anos, casamentos e batizados. É comum receberem e darem presentes nessas ocasiões e quando voltam de viagens. Muitas vezes, eventos sociais e de trabalho se confundem, como no caso das reuniões em casa de moradores da região, onde se costuma discutir problemas mas também rir, comer e falar bobagens.

Marta tem a agenda lotada de compromissos e dificilmente passa mais de uma ou duas horas em algum evento. Ela costuma dizer que "não tem vida social", que sua vida é muito diferente da de alguns vereadores. Aqueles que ocupam cargos importantes na estrutura da Câmara Municipal convivem com autoridades, procuradores, juízes e secretários de governo. Segundo ela, essas pessoas

> saem, têm intimidade, freqüentam as casas, vão nos aniversários, essas coisas todas.[...] Acho que *isso sustenta os bons acessos*. [. . .] Por exemplo, o B. tem uma casa na Barra belíssima pra receber convidados. De vez em quando ele faz um jantar, convida as pessoas e as pessoas se impressionam com ele. [...] *Lá você encontra todo mundo que resolve tudo.* [...] As pessoas são muito bem relacionadas...

Já Marta cultiva muitas *amizades* e *acessos* através da troca de homenagens e honrarias. Medalhas e diplomas de "Louvor e Reconhecimento" emitidos pela Câmara Municipal funcionam como símbolos da aliança que une os membros da rede.

Marta entregou cerca de vinte medalhas "Pedro Ernesto" — condecoração máxima da Câmara Municipal — nos dois últimos anos de seu mandato. Em 1995, por exemplo, ela promoveu sete entregas de medalhas, sendo quatro para professores e diretores de escolas públicas e particulares. Como Elza e Miguel (funcionários do gabinete), essas pessoas têm um papel fundamental no processo de atendimento de vagas de escola, contribuindo para o prestígio de Marta junto à população.

A vereadora também foi responsável por uma grande quantidade de Moções de "Louvor e Reconhecimento" – homenagem concedida em forma de diploma, impresso em papel oficial da Câmara Municipal, com destaque para o nome da pessoa agraciada. Cerca de metade dos beneficiados eram funcionários públicos ligados a órgãos estratégicos para o trabalho de atendimento dos Silveira. A outra metade era constituída por pessoas que atuam como "lideranças comunitárias".

A concessão dessas homenagens é uma forma de ultrapassar os limites da aliança puramente individual, pois as honrarias passam pela aprovação dos vereadores. Ao propor 150 moções de "Louvor e Reconhecimento" para servidores de um mesmo órgão, Marta promove uma homenagem sancionada formalmente pelo Poder Legislativo ao órgão como um todo. Da mesma forma, homenagens e concessão de medalhas para as chamadas "lideranças comunitárias" são muito valorizadas por essas pessoas por serem honrarias que transcendem os limites de sua localidade, conferindo-lhes um vínculo simbólico com a cidade do Rio de Janeiro.

As honrarias são uma forma de demonstrar "gratidão" por pessoas que se "admira" e das quais se "gosta", diz Marta. Todos os órgãos públicos homenageados através da concessão de um grande número de diplomas de "Louvor e Reconhecimento" são responsáveis por serviços de contato direto com a população. Em sua grande maioria, os agraciados não são burocratas, mas agentes que lidam diretamente com o público. Futuramente, essas pessoas darão uma atenção especial às pessoas "encaminhadas" por Marta.

As homenagens representam, sobretudo, a celebração e o reforço de uma *amizade/acesso* estabelecidos anteriormente. Os recursos e serviços dos órgãos homenageados, através de seus funcionários, constituem bens fundamentais para o processo de atendimento dos Silveira e, consequentemente, para o êxito de suas campanhas. Em contrapartida, Marta valoriza o papel desses órgãos na Câmara Municipal e negocia suas demandas junto ao Poder Executivo. Vários funcionários também são beneficiados individualmente, recebendo promoções ou transferências vantajosas dentro da administração pública. A relação é sempre definida através de sentimentos espontâneos, como "afeto" e "admiração" e nunca em termos de cobranças ou troca de favores.

Rede social e amizade

Os Silveira têm uma *rede social* extensa e complexa, da qual fazem parte funcionários públicos, empresários, profissionais liberais, diretores de escolas, parlamentares, ex-assessores, além de parentes e amigos. São relações de caráter heterogêneo e diversificado, que não constituem um grupo ou coletividade. Embora possam se relacionar entre si, o que une os participantes dessa *rede social* é sua proximidade com os Silveira.[2]

O *acesso* é a categoria-chave para entendermos a natureza das relações dessa *rede*. É o que garante o êxito do trabalho de atendimento e das campanhas eleitorais e, consequentemente, das trocas que sustentam essas atividades. O *acesso* define as noções de *política* ("onde se tem acessos"), de *poder público* (segundo os níveis de acesso), assim como a identidade do *político* (aquele que tem "bons acessos").[3]

A conquista dos *acessos*, ou a entrada para a *política*, é resultado da colaboração dos membros da rede em uma série de trocas. Votos, cargos, indicações, pedidos de promoção, interferência em processos burocráticos e legais, encaminhamento de pedidos são os principais recursos de que os Silveira dispõem para trocar com os membros de sua rede. Em contrapartida, recebem financiamentos, bens materiais e ajuda em forma de trabalho na campanha. Esta é a base que constitui o sistema de dar, receber e retribuir *acessos*.

Do ponto de vista dos membros da rede, as trocas que garantem os *acessos* são motivadas por sentimentos de *amizade* e *afeto*. Esse caráter emocional das relações pode ser mais evidente (as "amizades enraizadas", como diz Fernando) ou apenas subjacente. Mesmo nos casos em que é preciso fazer "alianças" com pessoas pelas quais não se tem especial estima (como na relação de Marta com o prefeito), a motivação é o sentimento de "apego" e "carinho" por aqueles que serão beneficiados.

Toda *rede social* envolve relações de natureza pessoal. No Brasil, particularmente, essas relações têm sido apontadas como um componente essencial de nossa nacionalidade, como mostram os estudos clássicos de Freyre e Hollanda, entre outros. Da Matta é um dos herdeiros dessa tradição, enfatizando em seus trabalhos a força da noção de pessoa, em contraste com a de *indivíduo*, na sociedade brasileira. Velho, por sua vez, destaca a existência de diversas *ideologias individualistas* que se combinam em arranjos de lógicas mais ou menos holistas e individualistas, preponderando uma ou outra em função de circunstâncias e contextos. Ao mesmo tempo, ressalta, mais do que os outros autores, que esta não é uma peculiaridade exclusiva da sociedade brasileira.[4]

Voltando às redes sociais e ao caso específico dos Silveira, observamos que classificações de caráter genérico como "relações pessoais" nos impedem de distinguir as diferentes naturezas dessas relações – parentesco, patronagem, amizade, apadrinhamento, alianças, entre outras. No universo estudado, pudemos observar essas distinções, com todas as suas nuanças e matizes. No que diz respeito à relação entre os membros de sua rede social, prevalecem aquelas de caráter holístico, embora sem excluir elementos típicos da lógica individualista.[5]

A distribuição de cargos e serviços públicos como forma de se obter e fornecer *acessos* tem sido apontada por diversos autores como uma prática corrente na política brasileira. Através da rede dos Silveira, notamos que esses recursos são objeto de intensa disputa, gerando conflitos entre concorrentes e supostos aliados. Essas situações evidenciam a existência de relações de poder diferenciadas entre os membros da rede. Em nível local, a instância máxima em termos de *acesso* se concentra nas posições de prefeito e governador. Comumente, estes procuram fazer acordos (nem sempre bem sucedidos) distribuindo as áreas de influência entre seus aliados, de modo a evitar conflitos.[6]

Os conflitos internos às instâncias partidárias ou coligações, principalmente durante eleições proporcionais, têm sido apontados pelos estudos de ciência política como um reflexo da legislação eleitoral brasileira. Ao permitir um sistema de indicação de listas "abertas" de candidatos, a legislação favoreceria a competição intra-partidária, uma vez que delegaria ao eleitor a decisão sobre a ordem de preferência dos candidatos da legenda. Complementarmente, de um ponto de vista mais sociológico, poderíamos explicar a intensificação do conflito entre esses atores justamente como fruto de sua proximidade e percepção de pertencimento a uma mesma rede social.[7]

A construção de *amizades* é a contrapartida para prevenir ou superar disputas. A *amizade* entre indivíduos hierarquicamente diferenciados pode ser um importante instrumento de "produção de afinidade". Mesmo em casos de relações verticais, como aquelas entre patrões e empregados, a *amizade* pode ser invocada, já que a ênfase está na sua capacidade de neutralizar as diferenças, produzindo confiança e aproximação dos envolvidos. A valorização das relações de *amizade* num ambiente de trabalho é uma forma de superar relações impessoais e contratuais.[8]

No universo dos Silveira, há diferentes graus de envolvimento, que vão desde a "amizade enraizada" de Fernando com Flávio Nunes, passando por diversos níveis, até o misto de carinho e medo que Marta demonstra por seu colega Olavo Eiras. *Amizade* é a palavra mais empregada para definir os sentimentos entre os membros da rede porque evoca relações de afeto nem tão sutis quanto a simpatia, nem tão intensas quanto a adoração. Sobretudo, no mundo dos *acessos*, valoriza-se a lógica da *emoção* e do apego, em detrimento à lógica burocrática.

• 9 •

A "comunidade": problemas e pedidos

O contato de Marta Silveira com sua "comunidade" se dá através de reuniões nas ruas da região de Roseiral ou no escritório. Em geral, a vereadora atende pela manhã e faz três reuniões à noite e de dez a 20 nos fins de semana. Durante o dia, seus assessores "vasculham" os bairros levantando problemas, enquanto Marta busca soluções através dos órgãos públicos. Em alguns casos, marca uma audiência onde atua como mediadora entre a população e o órgão. Na maior parte das vezes, as negociações giram em torno de obras de responsabilidade da Prefeitura e, em menor número, do estado. Uma vez acertada a forma, o cronograma e o custo da obra, Marta passa a acompanhar a execução, assessorada por sua equipe e pelos próprios moradores.

Este esquema de atendimento nos dá uma noção resumida daquilo que Marta entende como *trabalho comunitário*. A palavra *comunidade* é a forma mais utilizada para definir o conjunto de pessoas atendido por Marta, Fernando e seus assessores, e está sempre associada a carências, necessidades, demandas ou, simplesmente, "problemas". A *comunidade* não é formada por todos os moradores de Roseiral ou dos bairros mais próximos. Marta não gosta de trabalhar, especificamente, em favelas nem com associações de moradores.

Os presidentes de associações de moradores são vistos com desconfiança, como pessoas que põem seus interesses pessoais à frente dos da *comunidade*. Para justificar esse tipo de julgamento, são citados com freqüência exemplos como o de um presidente que teria aceitado mil tijolos para apoiar um concorrente dos Silveira. A equipe evita fazer contato com as associações, preferindo trabalhar "direto com a comunidade", como diz o assessor André.

A *comunidade* integrante do universo dos Silveira é composta essencialmente por pessoas ou grupos que se formam em torno de problemas específicos e não em função de um sentido de organização propriamente dito. No lugar das associações de moradores, Marta prefere se relacionar com o que ela chama de "líder natural" – a pessoa que gosta do trabalho comunitário, "que levanta de manhã e vai lá cuidar da praça, varrer a calçada, se preocupar se tem buracos...". O *líder* trabalharia apenas em nome do bem-estar da *comunidade*, sem obter qualquer benefício pessoal por isso. O "habitat natural" do líder, como diz Marta, são os conjuntos habitacionais, cujos moradores mantêm intenso contato com os Silveira.

Os conjuntos de Roseiral são sua "menina dos olhos", explica Marta, porque é dali que sai grande parte de sua votação e da de seu pai. Os moradores têm atendimento especial no escritório, sem entrar em fila nem preencher o cadastro com dados pessoais. Marta trata a todos pelo nome e, em geral, resolve rapidamente os problemas trazidos. Até hoje, Fernando considera que seu projeto legislativo mais importante é o que prevê uma série de melhorias para esses conjuntos residenciais por parte do poder público.

Embora existam mais de 15 áreas favelizadas na região de Roseiral, seus habitantes não fazem parte da *comunidade* dos Silveira. Seus problemas são de natureza diferente daqueles comumente solucionados por Marta. O freqüentador do escritório é de "classe média baixa", como define a vereadora, e se diferencia dos moradores de favelas, classificados como pessoas "paupérrimas" de "comunidades carentes". Ali "falta tudo" e seria preciso "começar do zero". As favelas também são evitadas por serem associadas à violência e ao tráfico de drogas. Marta afirma que não tem "estômago" para negociar com bandidos.

A violência faz parte da rotina de Roseiral, envolvendo bandidos, policiais, vítimas de assaltos, traficantes de drogas etc. Tanto o escritório quanto a Clínica foram arrombados mais de uma vez, e Marta já passou por diversas situações de risco. Uma delas ocorreu quando inaugurava a iluminação de uma igreja próxima a uma favela. Houve um tiroteio entre os traficantes locais e a polícia, obrigando Marta a se esconder em uma casa da vizinhança.

Além da carência e da violência, a favela também é relacionada à presença de associações de moradores cujas lideranças, como vimos, não são bem vistas pelos Silveira. Para o assessor Anderson, por exemplo, não vale a pena trabalhar nesses locais porque os "favelados" não são aliados confiáveis. Por conta de sua pobreza, aceitariam dinheiro para fazer campanha de "qualquer candidato".

Na região, são numerosos os candidatos que oferecem dinheiro em troca de apoio eleitoral. Lino Miranda é um exemplo bem próximo dos Silveira, pois foi assessor de Fernando, tornando-se vereador ainda na década de 70. Vários assessores de Marta o conheceram e alguns, inclusive, trabalharam com ele. Lino atuava basicamente em favelas, negociando apoio com os bandidos, "donos do lugar", em troca de votos. Conta-se que montou uma clínica no meio de uma favela "só para operar bandidos baleados que não podiam ir para o hospital". Além disso, dava "mesada" para policiais em troca de proteção aos bandidos de sua região. Diz-se também que recebia muito dinheiro de empreiteiros e "bicheiros". Em época de campanha, distribuía material de construção em quantidade e, certa vez, chegou a contratar um médico só para fazer ligaduras em sua clínica.[1]

Por tudo isso, Marta prefere se manter distante das favelas. Chegou a receber uma proposta para ser secretária de Desenvolvimento Social e não aceitou, pois essa é justamente a secretaria que mais se dedica aos problemas de moradores de favela. Na época, dizia-se que estava ligada a políticos do PT. Isso não significa, contudo, que exista uma fronteira rígida separando os Silveira das áreas favelizadas da região. No dia-a-dia, Marta freqüenta algumas dessas áreas e tem relações com seus moradores.

Comunidade é a expressão mais usada por Marta e assessores em suas conversas com moradores de Roseiral ou quando falam a respeito do *trabalho comunitário*. A palavra é utilizada também em quase todos os "comunicados" e "faixas" que divulgam o trabalho dos Silveira na região.

O uso da palavra *comunidade* é evitado apenas em bairros onde o padrão de vida é mais elevado. O assessor André explica que, nesses locais de "melhor nível", a palavra *comunidade* causa desconforto, pois "dá idéia de pobre". Esse é um caso excepcional, mas interessante, por mostrar o quanto categorias como "pobreza", "comunidade" etc. precisam ser relativizadas e contextualizadas.

Para o universo dos Silveira, a *comunidade* simboliza a existência de um problema coletivo, de um grupo maior de pessoas, contrastando com a noção de interesse individual. A distinção entre problemas individuais e "comunitários" faz parte do universo simbólico dos Silveira.

A maior dificuldade em manter seu "escritório político" é justamente a de conseguir atender os pedidos de caráter individual, que são muito numerosos. Embora o objetivo principal seja discutir os problemas da *comunidade*, sempre há aqueles que querem ter uma "conversa particular" com a vereadora. Existe claramente uma tensão entre projetos mais ou menos coletivos, que privilegiam a lógica da *comunidade* (englobante e homogênea) e outros, baseados em uma maior individualização e heterogeneidade. A tarefa dos assessores é levantar "problemas" *comunitários*, mas no dia-a-dia de é preciso atender também os "pedidos", como justifica Marta: "Se você faz só a comunidade e não o pessoal, você corre o risco de perder o voto."

Problemas e pedidos

Na amostra de todos os pedidos e problemas levados até Marta, as obras e problemas de conservação urbana representam cerca de 40%, enquanto os pedidos de materiais diversos ficam em torno de 20%. Saúde, emprego, fiscalização, questões ligadas aos funcionários públicos e à telefonia somam quase 35%, enquanto 5% são contatos e conversas gerais. Nem todos esses casos são resolvidos.

Um levantamento dos atendimentos feitos por Marta Silveira mostra que aproximadamente 55% estão relacionados a obras de abastecimento, iluminação, pavimentação, drenagem, edificação de praças, arborização e trabalhos de conservação urbana em geral (limpeza, desentupimento de esgoto, consertos em vias públicas, poda de árvores, entre outros). Cerca de 30% dos atendimentos referem-se a pedidos de material de construção e pintura, equipamentos esportivos e, em menor volume, ajudas financeiras. Os pedidos de emprego, de questões ligadas à saúde, fiscalização ou funcionalismo público ficam em torno de 15%.

A comparação entre a amostra total e a amostra dos casos resolvidos revela que os pedidos de material são os que têm o maior índice de resolução (cerca de 65%), seguidos das obras e problemas de conservação (45%). Menos de 20% dos outros tipos de problemas e pedidos são solucionados.[2]

Todas as pessoas que pedem e recebem materiais de Marta são conhecidas dela e de seus assessores porque, na maior parte dos casos, moram em conjuntos habitacionais da região ou em locais que já foram beneficiados por obras promovidas pelos Silveira. O atendimento de obras e conservação urbana é favorecido pelo investimento dos Silveira em *acessos* a órgãos públicos ligados a essas áreas de atuação. Nos outros casos, a falta de recursos privados e de *acesso* dificulta o atendimento.

A existência ou não de uma fonte de recursos, privados ou públicos (*acessos*), termina por filtrar o processo. Um levantamento feito a partir da observação do trabalho no escritório mostra que Marta se vale de recursos privados para realizar cerca de 30% dos atendimentos. Embora recorra a essa rede de financiadores, ou ao próprio salário, para atender os pedidos de material, seu maior investimento é mesmo no cultivo de *acessos* junto ao poder público que permitam a realização de obras e melhorias urbanas para a *comunidade*. Um levantamento em seus arquivos confirma essa tendência, mostrando que, entre 1995 e 1996, 93% dos ofícios encaminhados pelo gabinete foram destinados a órgãos públicos municipais ligados a serviços de urbanização. O mesmo se verifica quando se observa a lista total de problemas tratados no Encontro do Subúrbio. Nessa ocasião, 80% das questões apresentadas pelos moradores estava relacionada a obras de melhorias urbanas; cerca de 10% referia-se às más condições dos hospitais e postos de saúde da região; e outros 10% a benefícios necessários em escolas municipais.

Os pedidos de vagas de escolas concentram-se basicamente no mês de janeiro. Nessa época, o escritório chega a receber quase 150 pessoas por dia só para tratar desse assunto. Fernando calcula que, no início de 1996, Marta conseguiu resolver 1.400 pedidos, ou entre 40 e 50% dos casos. As vagas são conseguidas tanto através de *acessos* ligados ao poder público (na Secretaria de Educação Estadual e junto aos diretores de escola), quanto em redes de ensino privadas que oferecem bolsas de estudo, como é o caso do Senac (Serviço Nacional do Comércio) e de alguns colégios particulares.

A grande procura no escritório é por vagas em escolas de *boa qualidade*. A maioria das pessoas quer que o filho estude nas duas ou três escolas consideradas como as melhores da região. Muitas vezes, vagas em outros estabelecimentos de ensino são simplesmente recusadas.

No período de dezembro de 1995 e março de 1996, por exemplo, participei diretamente do processo de atendimento de vagas de escola. Entre outras coisas, várias vezes fiquei responsável por telefonar aos solicitantes pedindo que fossem ao escritório para concluir o atendimento. Não devíamos falar os resultados por telefone, mas as pessoas freqüentemente só voltavam se tivessem conseguido matrícula nas escolas mais prestigiadas.

Comunidade e reputação

Todos os levantamentos mostram que o número de atendimentos, de ofícios expedidos ou de freqüentadores do escritório tem estreita relação com a proximidade de Roseiral, local de residência e do escritório dos Silveira. Os atendimentos tendem a ser mais numerosos e bem sucedidos segundo os mesmos critérios espaciais de distribuição dos votos da família (ver mapas no Capítulo 6). Por isso mesmo, Marta tem uma *reputação* a zelar: "Se você age mal na sua comunidade, você tá morto", ela explica, pois "a disseminação é muito rápida".

A noção de *comunidade* não se baseia apenas em critérios territoriais, políticos, lingüísticos e culturais. Habitar um mesmo espaço físico pode ser fundamental para o estabelecimento de laços fortes, mas o território comum não é um critério exclusivo. A *comunidade* é composta de indivíduos e famílias que se conhecem intimamente, casam entre si, têm uma história de vida e hábitos comuns. Deve-se compartilhar uma mesma "linguagem", isto é, não apenas uma língua, mas uma proximidade intelectual, responsável por transmitir, através das gerações, valores, sentimentos e saber. São características relativamente homogêneas que se sobrepõem às especificidades individuais de seus membros.[3]

O conceito de *comunidade moral*, por sua vez, incorpora as relações de conflito e diferença, definindo um grupo onde os indivíduos, a partir de um conjunto comum de valores e categorias, teriam sua *reputação* conhecida por todos. As relações dentro da *comunidade* seriam de caráter múltiplo, onde as pessoas, em suas várias dimensões (trabalho, família etc.), fazem parte do conhecimento e das conversas do grupo. A base do relacionamento cotidiano seria justamente a capacidade de fazer julgamentos morais entre si, a partir desse reconhecimento, sem implicar necessariamente uma convivência harmoniosa e tranqüila.[4]

A *comunidade* que se reúne em torno dos Silveira apresenta *valores* e *problemas* comuns, mas também conflitos e dissensos típicos de uma *comunidade moral*. Além disso, seus membros têm *projetos* similares, direcionados para melhorar a sua qualidade de vida e favorecer a ascensão social de seus descendentes, através do acesso à educação. Como Velho ressaltou, uma das formas de complexificar as noções de classe é justamente identificar os *projetos* de seus membros. Em contextos de camadas médias, a busca por uma boa escola, assim como a cobrança por um bom rendimento escolar dos filhos, é um importante fator de reforço de sua identidade. A obtenção de diplomas pode ser uma forma de confirmar a ascensão, conferindo prestígio não apenas ao aluno, mas à unidade familiar como um todo.[5]

Em Roseiral, alguns indivíduos se destacam dos demais e estabelecem relações privilegiadas com Marta, Fernando e seus assessores. Esses "líderes comunitários" são identificados por seu comportamento exemplar simbolizado, sobretudo, pela atuação espontânea e desinteressada. Os Silveira reconhecem e estimulam sua atuação para mobilizar outras pessoas da *comunidade*.

As associações de moradores são evitadas justamente por sua autonomia. Historicamente, essas organizações têm tido um papel destacado na história dos chamados "movimentos sociais". Sua criação e fortalecimento são apontados como sinais de amadurecimento nos processos de negociação entre cidadãos e poder público.[6]

A participação em uma associação de moradores e, eventualmente, a sua presidência são muitas vezes a etapa inicial de uma carreira no serviço público, no Legislativo ou no Executivo. É comum encontrar ex-presidentes de associações de moradores como assessores políticos, funcionários de diversos níveis da administração estadual ou municipal e, até mesmo, parlamentares. Na maior parte dos casos, a ascensão se dá durante o exercício da presidência, quando são feitos os contatos com políticos, secretários e funcionários públicos em geral. Pode ocorrer uma relação de troca de favores por "interesses pessoais", como acusam os assessores dos Silveira, mas essa não é a regra.

As associações representam um grupo organizado, com acesso próprio ao poder público. Diferentemente das "lideranças comunitárias", podem dispensar a atuação dos Silveira como intermediários junto à população. A influência nas comunidades é usada por seus presidentes para conseguir alianças com parlamentares. Marta não gosta de disputar esse tipo de acordo com outros políticos, pois muitas vezes torna-se um "leilão do tipo 'quem dá mais'", diz ela.[7]

Como as associações de moradores, as favelas também têm forte ligação política com o mundo dos movimentos sociais organizados e dos partidos de esquerda. Para estes, a existência de uma associação de moradores em favelas é altamente valorizada como um sinal de "politização" das classes menos favorecidas. Muitos vereadores do PT, por exemplo, são ex-presidentes de associações e têm como assessores presidentes e ex-dirigentes até de confederações regionais ou nacionais. Há vereadores do partido que só promovem trabalhos comunitários se os moradores estiverem "organizados" em associações ou comitês.

Ao contrário desses parlamentares, os Silveira preferem as "lideranças comunitárias" exercidas por indivíduos relativamente autônomos. Estabelecendo uma aliança de caráter pessoal com o deputado e a vereadora, essas "lideranças" assumem o papel de *inter-mediadores*, semelhante ao dos assessores que fazem o "trabalho de rua".[8] Esses *mediadores* entre os Silveira e a *comunidade* acabam tendo sua própria cota de *status* e *poder* diferenciado, sendo capazes de influenciar o destino da comunidade de acordo com seus próprios valores. Os Silveira, por sua posição nesse sistema, são os detentores por excelência desses atributos, mas, através de alianças como essas, são capazes de transmitir um pouco de sua própria influência aos outros membros de sua rede.

• 10 •

O atendimento: intermediando recursos

O trabalho de rua

Os problemas e os pedidos chegam até Marta Silveira basicamente de quatro maneiras: "trabalho de rua" realizado pelos assessores, reuniões com os moradores, atendimento no escritório em Roseiral e correspondência e atendimento na Câmara Municipal.

O trabalho de rua dos assessores é responsável pelo levantamento do maior número de problemas. É através dessa atividade que a maioria dos moradores da região toma conhecimento da existência de Marta e de seu escritório. Um bom assessor deve definir tecnicamente o problema encontrado e identificar o órgão público responsável ou encontrar outras soluções para resolvê-lo. Nem sempre essa é uma tarefa fácil. Nos casos de vazamento de água, por exemplo, o mais difícil é identificar se ele é proveniente do sistema de abastecimento — de responsabilidade do estado — ou do esgoto — um serviço municipal. O assessor Cláudio desenvolveu um método para elucidar o problema: molha o dedo na água e cheira; se for limpa, é do estado, se for suja, da Prefeitura. O sistema deu origem a uma brincadeira entre os membros da equipe, que imitam o gesto do assessor, rindo de seu excesso de dedicação ao trabalho.

Os problemas exigem um certo treinamento para serem detectados. Qualquer um pode "atender", explica a assessora Arlete; o problema é saber "o que fazer para ajudar", conhecer o "caminho das pedras". De tempos em tempos, Marta realiza reuniões para passar informações aos assessores. Essas tornam-se um conhecimento-chave para o assessor e podem contribuir para seu maior ou menor prestígio junto a Marta, promovendo também uma certa rivalidade entre os membros da equipe.

Quando são identificados problemas relacionados a obras e conservação urbana, os assessores marcam uma reunião na própria rua para que os moradores conheçam a vereadora. Feito esse contato, as pessoas geralmente passam a procurar Marta no escritório para levar outros problemas e/ou pedidos. A solução desse ou daquele problema acaba sendo divulgada entre os moradores da região, que podem, então, pedir uma reunião em sua rua ou ir até o escritório. A correspondência e o atendimento no gabinete são formas muito mais raras de contato, representando menos de 5% dos casos.

A seqüência trabalho de rua – reunião – atendimento é observada nos contatos novos, que buscam expandir a *área* de atuação dos Silveira. No caso dos moradores de Roseiral e de bairros muito próximos, as três formas são igualmente utilizadas, pois o trabalho dos Silveira já é conhecido por quase todos.

O trabalho de rua é realizado por 11 assessores. Cada assessor ou dupla de assessores é responsável por uma *área*, que pode ou não coincidir com os limites de um bairro. Os assessores têm um mapa das ruas que devem percorrer toda semana ou a cada duas ou três semanas, dependendo do tamanho da área. O trabalho do assessor é fazer um levantamento dos moradores e de seus problemas. Para isso, existe uma "folha de contato" onde preenchem o nome e o endereço das pessoas, além de informações a respeito de sua relação com os Silveira. Quando já são moradores conhecidos, é feito apenas o levantamento periódico dos problemas.

Os assessores procuram problemas que possam ser resolvidos por Marta através de seus *acessos*. Assim, podem estar passando por uma rua de sua área e ver que há um vazamento de esgoto, um buraco ou acúmulo de lixo em uma esquina, por exemplo. Se houver uma residência ou um comércio perto, o assessor faz contato com o morador ou o dono do estabelecimento, procurando sempre pelas pessoas mais "participantes" e interessadas do local (os "líderes naturais", como diz Marta). Em seguida, o assessor pergunta se a pessoa está interessada em "conhecer o trabalho da vereadora". Uma vez aceito esse primeiro contato, explica que os moradores devem organizar uma reunião com Marta para discutir a melhor forma de resolver o problema.

Além do levantamento diário, Marta organiza os chamados "mutirões", quando todos os assessores são levados a trabalhar numa mesma área, "vasculhando" problemas, fazendo contatos novos e atualizando os antigos. O mutirão também serve para divulgar uma reunião, o início ou a conclusão de uma obra.

Geralmente, os mutirões são organizados quando Marta detecta um problema para cuja solução já tem o *acesso* necessário. Por exemplo, no final de 1995 foi organizado um mutirão em um conjunto de ruas sem pavimentação. Os assessores fizeram o contato inicial, perguntando se a rua de terra incomodava os moradores e cadastrando os interessados na obra. Foram feitas reuniões com Marta, onde se definiu uma série de estratégias e detalhes necessários à pavimentação. Antes mesmo de sair em campo, porém, a vereadora já sabia que dispunha de *acessos* aos recursos necessários para o empreendimento. Por isso, pouco depois o problema foi solucionado.

O objetivo do trabalho de rua é expandir e cultivar o contato dos Silveira com sua *comunidade*. Através dos assessores, os moradores da região podem expor seus problemas e obter informações sobre como resolvê-los. Às vezes, os próprios assessores são capazes de dar uma explicação a respeito do funcionamento deste ou daquele órgão, sobre o melhor modo de encaminhar uma questão burocrática ou até sobre onde e como tirar um documento oficial.

Freqüentemente, os assessores tornam-se amigos de pessoas da *comunidade*. Cláudio, por exemplo, diz que cultivou "mil amizades" através do trabalho – pessoas que conheceu na rua e hoje freqüentam sua casa e sua família. André é outro que também fez muitos amigos. Ele é convidado para almoços e as pessoas se preocupam, até, em fazer uma comida especial para sua dieta. Em certas casas, André faz visitas semanais, sempre parando para tomar um café e conversar: "São pessoas que se identificam com você. [...] Hoje em dia, em cada rua da minha área eu tenho um conhecido. Se preciso divulgar algo, já procuro aquelas pessoas", ele explica.

Em parte, essas amizades já existiam antes mesmo de os assessores trabalharem para Marta. Na medida do possível, a distribuição das áreas de cada um é feita segundo seu local de residência ou de nascimento. Dos 11 assessores que fazem o trabalho de rua, dez nasceram ou moram atualmente em suas áreas de trabalho. Esta característica é, inclusive, uma das causas de sua contratação. A maioria entrou em contato pela primeira vez com os Silveira como um membro da *comunidade* cujo problema foi solucionado. Mesmo depois de contratados, os assessores ou suas famílias continuam fazendo parte da *comunidade*, como pessoas que precisam de atendimento a questões pessoais ou problemas em seus locais de moradia.

As reuniões

Através de contatos, de conhecidos e de amigos, os assessores levantam problemas e organizam reuniões com a presença de Marta. A conversa com a vereadora é uma etapa fundamental do processo de atendimento. Desde que assumiu o escritório do pai, Marta já notava essa diferença: as pessoas "querem falar com o próprio político" e não com "funcionários", dizia ela. Cláudio explica que os moradores gostam de se sentir íntimos de Marta, poder entrar no escritório "sem pedir licença". O assessor é apenas um "canal de ligação" – "as pessoas querem estabelecer o compromisso com o político, até para poder cobrar a execução do que foi prometido." Fazem questão da presença da vereadora, esperam que ela própria "vá lá e apresente uma solução", completa.

Em geral, as reuniões são marcadas na casa do morador que demonstre maior interesse em promover e divulgar o encontro. Às vezes, é difícil reunir um grupo com mais de dez ou 20 pessoas. O sucesso das reuniões e, conseqüentemente, dos assessores é medido por seu número de participantes. Na campanha de 1996, por exemplo, Marta estabeleceu que deveriam ser realizadas no mínimo 1.500 reuniões entre abril e outubro. Cada assessor tinha uma cota da qual era abatido cada grupo de 20 pessoas que fossem em suas reuniões.

Para garantir a presença de um bom grupo, o local, o horário e o motivo da reunião são divulgados com uma semana de antecedência, em média. Quanto maior o problema e a possibilidade de resolvê-lo, mais importante é a reunião. Nesses casos, um convite impresso em computador é distribuído entre os moradores. Em locais maiores, pode ser organizado um mutirão e utilizado um carro de som, que passa pelas ruas anunciando o evento.

A escolha do local da reunião pode se transformar em objeto de disputa entre os moradores. Embora as reuniões sejam realizadas na rua, o dono da casa em frente à qual é marcado o encontro atua como um anfitrião da vereadora. Esses encontros podem durar de 30 a 60 minutos, em média, podendo chegar a duas horas ou mais. O anfitrião ou algum vizinho próximo oferece água, café e refrigerantes. Muito freqüentemente, Marta é convidada a entrar na casa do anfitrião para comer bolos, salgadinhos e doces. Esses convites fazem com que ela se atrase para as reuniões seguintes, mas são motivo de orgulho para o dono da casa. Em muitos casos, o anfitrião prepara a recepção com antecedência, pedindo informações sobre as comidas e bebidas preferidas da vereadora. Não raro, Marta sai dali levando um "pratinho de doces" feito "especialmente" para ela. Essas pequenas recepções se tornam mais e mais freqüentes conforme se aproximam as eleições, assumindo também um caráter mais festivo, de celebração do compromisso entre os envolvidos.

Uma reunião realizada no início de 1996, a pedido de moradores que sofriam com o problema crônico de falta d'água, é um bom exemplo de como esses encontros ocorrem. Marta foi chamada porque funcionários da própria Cedae — antiga companhia estadual de abastecimento — informaram que ela poderia resolver o problema. O contato com o assessor Adilson foi feito através de sua sogra, moradora da rua. Logo de início, Marta expôs uma série de questões técnicas, indagou sobre a largura dos canos, a pressão da água, os tipos de bomba, quais bombas ficavam ligadas quando e onde, e assim por diante. Os moradores forneceram as informações e Marta logo explicou que não havia solução definitiva a curto prazo. Podia ser tentado um "paliativo", que resolveria o problema por uns seis meses. "Estou sendo franca pra gente não ter decepção nem desilusão, até porque vou trabalhar aqui nessa área e depois não posso ficar com vergonha de vir nessa rua."

Marta procurou estabelecer os limites de sua promessa e, ao mesmo tempo, indicar que, honrando a sua palavra, ela poderia "trabalhar na área", isto é, buscar votos. Os moradores insistiram em uma promessa mais ampla, pelo menos uma solução de médio prazo. Marta precisava conversar com o "pessoal da Cedae" antes de prometer alguma coisa, mas adiantou que a empresa estava sem material de tubulação e sem condições de refazer as calçadas. Todos se prontificaram a arcar com essas despesas deixando claro que já tinham ouvido falar desse tipo de solução "casada". Em meio a murmúrios de concordância, Marta quis se certificar de que todos estavam de acordo: a empresa faria a obra e os moradores cuidariam de refazer suas próprias calçadas.

Aos poucos, foi se firmando um compromisso mais forte entre Marta e os moradores. Ela recebeu o aval de todos para assumir a "responsabilidade" de falar "em seu nome" junto ao poder público. A iniciativa de falar diretamente do "voto" foi de um morador: "Se a vereadora quer ganhar voto aqui da rua, ela resolve o nosso problema da água que ela vai ganhar muito voto." Os outros concordaram. A promessa de voto apareceu também de forma velada, quando várias pessoas disseram a Marta: "A senhora conta com a nossa simpatia [...] porque é o primeiro político que vem aqui oferecer alguma coisa ao invés de pedir."

Durante a reunião surgiram dois pedidos individuais, ligados à Comlurb (limpeza urbana) e à Telerj (antiga companhia telefônica do RJ). Marta não tinha como resolver. "Quem manda na Comlurb", ela diz, "é uma pessoa muito ruim de transa." Com relação à Telerj, respondeu, sem disfarçar a ambigüidade: "Eu não tenho ingerência sobre a Telerj, que é um órgão federal. Eu tenho pedido e eles têm atendido. Mas eu não posso chegar lá e dizer 'eu quero'." Depois falou sobre seu estilo e seus *acessos*: "Eu não vou contar história da carochinha pra ninguém. Vão acostumando logo. Porque as pessoas às vezes ficam naquela ansiedade de ouvir aquilo que elas querem ouvir e eu só digo o que as pessoas querem ouvir quando eu tenho certeza. O espaço na Cedae existe devido à credibilidade de meu pai, que é deputado há muitos anos." Marta explicou ainda que conseguia ser atendida pelos órgãos da Prefeitura por ser vereadora.

A reunião continuou, e um morador lembrou que a sogra de um funcionário dos Silveira morava naquela rua. Marta observou que isso aumentava sua obrigação de resolver o problema, prometendo dar um "retorno" em cinco dias. Ao final, brincou com os moradores, avisando que depois eles iam ver o que era "uma vereadora chata", que voltaria para "bater de casa em casa..." Encerrou, dizendo: "Por enquanto, eu não pedi nada, não falei qual é o meu partido, nem de política..." E a resposta foi: "Nem vai ser preciso, vereadora." Os votos estavam "prometidos".

A maior parte das reuniões de Marta com moradores da região é muito semelhante a essa. O encontro só é marcado quando os envolvidos já sabem o que vai ser discutido. Marta vai porque tem *acesso* ao órgão público e os moradores querem sua presença pelo mesmo motivo. O fato de haver um parente ou amigo na rua reforça o compromisso assumido. Marta procura se tornar porta-voz das pessoas para, depois, receber seus votos. Dessa forma, a solução do problema resulta da cooperação das três partes envolvidas: os moradores, Marta e o órgão público.

As audiências

De maneira geral, a negociação com os órgãos públicos é feita através dos *acessos*, em conversas privadas de Marta e Fernando com seus contatos nesses órgãos. Em certos casos, envolvendo problemas de maior vulto ou um número grande de moradores, Marta marca uma audiência com uma comissão da *comunidade* no órgão responsável pela solução do problema. A essa altura, sua participação como representante do grupo já foi negociada em reuniões de rua realizadas anteriormente.

Nas audiências, discutem-se principalmente questões técnicas, problemas do dia-a-dia, falta de recursos, carência de material e cronograma da obra. A falta de material e recursos costuma ser resolvida com a participação dos moradores, que contribuem com algumas peças mais baratas (geralmente, não ultrapassando 20 ou 30 reais por pessoa) e, às vezes, com mão-de-obra. O caráter "extra-oficial" da solução é reconhecido por todos, mas justificado como a única forma de solucionar o problema. Em vários casos, Marta e Fernando também colaboram pessoalmente ou através de suas redes de recursos privados. Por exemplo, em uma obra em que o órgão realiza a iluminação de uma praça, os Silveira contribuem colocando vestiários e alambrados para o campo de futebol. Marta e Fernando também obtêm recursos para essas obras através de emendas indicativas no orçamento anual do Poder Executivo. Dependendo do órgão, seus *acessos* também podem garantir a transferência de recursos de um setor para outro, estabelecendo a prioridade de investimentos para sua *área*.

Quanto mais poderosos os *acessos*, maior a "ingerência", como diz Marta, sobre a atuação do órgão. Em uma dessas audiências com a presença de moradores, por exemplo, o gerente responsável disse claramente que o cronograma da empresa dependia da "prioridade" de

Marta. As 15 obras encaminhadas seriam executadas na ordem que ela determinasse. Na ocasião, Marta acabou decidindo "furar a fila", passando a obra dos moradores presentes para o segundo lugar porque o problema deles era mais "desesperador" do que o dos outros. Pediu também ao funcionário que fosse enviando o material para ir "acalmando o pessoal."

As audiências com comissões de moradores se tornam uma demonstração da força do *acesso* dos Silveira junto aos órgãos públicos. Por isso mesmo, Marta só costuma marcar encontros desse tipo nos órgãos onde tem *acesso* garantido. Assim, as audiências assumem um papel fundamental no processo de divulgação do trabalho dos Silveira. Tão importante quanto resolver os problemas é associar o nome de Marta ou Fernando a essa solução. Ao levar um grupo de moradores para participar da negociação com o órgão público, Marta consolida seu papel como a "vereadora que pediu e conseguiu a obra". Assim, ela explica, o morador "aprende a dar valor" e passa a entender "como as coisas funcionam".

O atendimento no escritório

A solução dos problemas costuma ser comemorada com inaugurações e festas. Em geral, as pessoas envolvidas no processo se aproximam de Marta e assessores, passando a freqüentar o escritório em busca de soluções para outros problemas ou para fazer pedidos pessoais. Também visitam o escritório pessoas que ouviram falar dos Silveira através de vizinhos, parentes ou amigos que obtiveram atendimento para seus problemas ou pedidos. Em alguns casos, os próprios órgãos públicos onde Marta tem *acesso* encaminham pessoas. Assim, aqueles que chegam para ser atendidos no escritório em Roseiral não são inteiramente anônimos.

O escritório tem duas salas para fazer a triagem dos visitantes. A maior parte das pessoas passa pela sala de recepção para preencher o cadastro com a ajuda de um assessor, identificando-se e explicando seu problema. Durante as manhãs em que fica no escritório, Marta atende entre 15 e 20 pessoas através deste sistema. A espera para falar com ela pode variar de 15 minutos a mais de cinco horas, em situações extraordinárias, como durante a fase de atendimento de vagas de escola.

Além de receber algumas pessoas da *comunidade* que não ficam na fila, Marta costuma fazer saídas rápidas para audiências ou encontros com funcionários da Prefeitura que trabalham na região. Ela procura marcar esses contatos às sete ou oito horas da manhã, de modo a não atrapalhar o atendimento, mas nem sempre isso é possível. Freqüentemente, aparecem imprevistos que exigem a presença de Marta no local, como acidentes de trânsito, fiscalizações no comércio, buracos ou deslizamentos decorrentes de chuvas. Marta também recebe visitas-surpresa de parentes, amigos e outras pessoas que fazem parte de sua rede.

A maioria das pessoas não se incomoda de esperar pela vereadora. "Quem precisa, espera" — explica Sônia, que já está na fila há duas horas em busca de um emprego para a filha. Os Silveira colocaram água em sua rua, e houve até festa de inauguração. Sônia lembra como era difícil pedir água aos vizinhos ou ficar economizando "gota a gota". Agora, ela diz, é "Deus no céu e eles na terra". Uma moça ao seu lado concorda e comenta que também não se importa de esperar. O lugar é agradável, com ventilador, água e bancos para sentar — "muito melhor do que o horror da fila do INPS", diz ela.

As pessoas aguardam com a esperança de solucionar seus problemas através de Marta, seja porque já tiveram experiência semelhante, seja porque ouviram recomendações de terceiros. Nem todos, porém, conseguem manter a calma diante dos visitantes que não entram na fila. Às vezes, quando precisa sair para algum evento, Marta vai à recepção dar explicações. Mas mesmo quando a demora é longa, a maioria prefere esperar pela vereadora a ser recebida por algum assessor.

A proximidade com Marta é muito valorizada pelos freqüentadores do escritório. As pessoas ficam felizes quando recebem o convite para "ir entrando" sem esperar na fila. Na tentativa de ter o mesmo privilégio, muitos que estão na fila costumam falar sobre sua relação com Marta no momento de preencher o cadastro. Uma moça, por exemplo, explica que sua tia foi "nascida e criada" com Marta e a conhece "desde pequena". Outra justifica que não tem telefone, mas pode dar o de sua prima, "muito conhecida" de Marta — foi "criada" com ela, explica.

Na hora de expor seu "problema", a maioria diz ao recepcionista: "Eu prefiro falar pessoalmente com Marta Silveira", e justifica: "Com Marta eu já tenho intimidade." Mais uma vez, aparece aqui a distinção entre o político e o assessor, demonstrando o valor simbólico de se ter proximidade e "intimidade" com a vereadora. Fica evidente o status diferenciado de Marta e o tipo particular de *poder* incorporado em sua posição.

Marta recebe as folhas com informações do cadastro e manda chamar as pessoas da fila por ordem de chegada. Os visitantes tendem a levar mais pedidos de ordem geral (emprego, saúde, transferências de órgãos públicos), justamente os que têm menor chance de ser solucionados. As respostas de Marta variam conforme a natureza do pedido e a identidade do visitante.

Pedidos materiais (como dinheiro, uniformes, tijolos) só são atendidos em casos especiais. Para as poucas pessoas que entram na fila com esse tipo de solicitação, Marta costuma dizer: "Não posso", "Não tenho dinheiro". Se forem pedidos coletivos, ela sugere que façam uma rifa, baile ou festa para arrecadar fundos.

Dar sugestões ou informações também é uma forma de atendimento. Várias pessoas saem satisfeitas do escritório depois de aprender como legalizar um terreno, onde tirar certos tipos de documentos ou quando renovar uma licença. Às vezes, o trabalho de Marta se resume a esse tipo de orientação: "A pessoa te procura para você dar um caminho, uma luz", ela explica. Muitos temem entrar em contato com repartições, órgãos, empresas ou funcionários públicos antes de saber o que pode ocorrer.

No final de 1995, por exemplo, Maria, uma senhora negra, bastante idosa e analfabeta, procurou Marta para saber se devia ou não atender uns "homens da Prefeitura" que volta e meia passavam por sua casa pedindo que ela "assinasse" uns papéis. Com a morte do marido, e sem os filhos por perto, ela tinha medo de perder a casa. Além disso, outros funcionários, dessa vez fiscais, reclamavam que suas digitais estavam gastas e não iam "sair direito" nos documentos. Ela mostrou as mãos e disse que suas "marquinhas" dos dedos não iam voltar, porque ela "pegava no pesado todos os dias". Marta examinou os papéis e explicou que eram dois casos diferentes. A Prefeitura estava cobrando uma multa, mas também ia lhe dar a posse oficial do terreno. Orientou Maria a tirar cópias de todos os documentos e ir para casa sossegada. Depois, devia voltar ao escritório para "dar notícias".

Além de informações e orientações, Marta conclui diversos atendimentos dando seu cartão pessoal. Ela assina atrás em tinta azul (para diferenciar da letra impressa) e, em certos casos, escreve o nome da pessoa que deve ser procurada e algumas palavras recomendando o portador. Através do cartão, o visitante adquire um pouco de seus *acessos*. Um bom exemplo é o caso de Carlos, que foi ao escritório pedir ajuda para registrar uma vaga de garagem. Com o cartão assinado por Marta, foi atendido pelo senhor Jairo na Região Administrativa. Não teve que esperar em fila "desde as três horas da manhã" e ainda recebeu uma "forcinha" para resolver seu problema. Os cartões são usados principalmente em situações como essas, que envolvem filas e burocracia em órgãos públicos, mas também em alguns casos de recomendação de emprego ou ajuda para tratamentos médicos.

Uma boa parte dos atendimentos termina em promessas vagas do tipo "vamos ver", "talvez", "vamos tentar". Pedidos relacionados a questões de saúde, instalação de telefones, transferência de funcionários públicos são alguns exemplos de demandas que recebem esse tipo de resposta. Marta recorre a evasivas quando sabe que terá dificuldade de *acesso* para solucionar o problema. Além disso, quanto mais distantes da *comunidade* estiverem os pedintes, menor o empenho de Marta nos atendimentos.

O trabalho de gabinete

O "ofício" é um importante recurso para solucionar provisoriamente um atendimento. Através de uma carta em papel timbrado da Câmara Municipal, Marta dirige-se, na condição de vereadora, a presidentes e diretores de órgãos públicos, encaminhando os problemas que precisam ser resolvidos. Ela emite cerca de 1.500 ofícios por ano. Essas cartas são numeradas e têm um importante papel no processo de divulgação do trabalho. A maior parte é destinada a órgãos ligados a serviços importantes para a *comunidade*, mas onde Marta não tem *acessos*, pois, naqueles em que o *acesso* é consolidado, o contato é feito pessoalmente.

A maioria dessas cartas não é respondida, e as poucas respostas são quase todas negativas. Os ofícios são emitidos com o propósito apenas de confirmar que Marta fez o pedido a determinado órgão. Nos poucos casos solucionados, a própria obra ou benfeitoria já funciona como resposta positiva.

A emissão de ofícios é uma das principais funções da equipe que trabalha na Câmara. Como o pai, Marta não se dedica ao trabalho legislativo desvinculado do processo de atendimento. Durante o mandato de 1992-96, foi à Câmara mais para participar das sessões do que para estar em seu gabinete. No início, só comparecia quando havia votação, e muitas vezes esquecia de assinar o livro de presença. Em geral, Marta costuma participar das sessões em plenário opinando sobre os projetos e proposições da pauta do dia, mas raramente se inscreve para fazer discursos longos. Nas reuniões reservadas dos vereadores, costuma discutir as questões do momento, como blocos de votação ou formação de comissões.

O investimento de Marta no trabalho legislativo é pequeno e foi decrescendo com a proximidade do fim da legislatura. Apresentou cerca de 20 projetos nos três primeiros anos de mandato, quase todos relativos à região de Roseiral. A maioria de seus sete projetos aprovados indicava nomes para logradouros públicos ou atribuía o caráter de "utilidade pública" a alguma instituição beneficente da região. Marta elaborou também sete projetos na área de educação, com propostas de alteração do currículo escolar, programas de reciclagem de lixo nas escolas, isenção de tarifas etc. Quase todos esses projetos foram considerados inconstitucionais pela Câmara ou vetados (integral ou parcialmente) pelo Poder Executivo por acarretarem novas despesas não previstas no Orçamento Municipal.

Marta também utiliza o mandato para resolver problemas trazidos pelos moradores de sua região. Através de seus assessores, ajuda na redação de recursos, pedidos de alvará, processos para legalização de praças e áreas de lazer, entre outras coisas. Ela procura, ainda, facilitar o acesso das pessoas ao serviço de Defesa do Consumidor prestado pela Câmara. Logo que tomou posse do mandato, chegou a levar diversas turmas de crianças da *comunidade* para conhecer a Câmara e aprender sobre a função do vereador. Pretendia organizar essas visitas rotineiramente, mas a Mesa Diretora não quis apoiar o projeto e a idéia acabou arquivada.

O atendimento aos pedidos

Não existem fronteiras definidas entre as pessoas que ficam na fila e aquelas que têm acesso facilitado a Marta. Há uma tendência de que os moradores de Roseiral e bairros mais próximos e, principalmente, os moradores dos conjuntos habitacionais tenham mais chances de ser atendidos do que os demais visitantes.

Os contatos no escritório são reforçados pelo trabalho de rua, reuniões e obras concluídas. Um caso solucionado é a melhor fonte para se criar "pessoas de ligação". Foi o que aconteceu, por exemplo, entre os moradores de uma rua que precisava de "quebra-molas" para evitar os constantes atropelamentos. Os moradores marcaram uma reunião com Marta e pediram a obra, mas havia dificuldades porque ônibus trafegavam na rua. A vereadora mandou fazer o serviço "por conta própria" e só tempos depois conseguiu a autorização da Prefeitura. A festa de inauguração foi organizada por dona Júlia, que durante o processo de atendimento tornou-se a "líder dos moradores". Depois disso, segundo o assessor André, Júlia passou a ser uma "pessoa de ligação", que faz "tudo" pela vereadora: divulgação, contatos com os vizinhos, reuniões etc.

É através do resultado das obras e de pessoas como dona Júlia que o trabalho de Marta começa a "aparecer" e a se expandir pelos bairros. Segundo Cláudio, as pessoas ficam tão felizes que passam a ajudar os assessores. O atendimento é o fator mais importante para cultivar essas "pessoas de ligação". É muito comum ouvir desses moradores depoimentos do tipo "antes eu não acreditava na vereadora, mas depois que ela cumpriu tudo o que prometeu..." Denise, por exemplo, tornou-se uma "pessoa de ligação" depois que todo seu prédio foi reformado com a ajuda dos Silveira. Semanalmente, freqüenta o escritório levando os problemas dos moradores do condomínio.

No *cadastro* do escritório, cerca de 200 pessoas aparecem qualificadas como "lideranças comunitárias" – classificação mais ou menos equivalente a "pessoa de ligação". Muitos são síndicos de prédios dos conjuntos habitacionais da região. Outros são como dona Júlia, e passam a ter contato com Marta depois de ter o seu problema solucionado. Também recebem essa classificação pessoas que exercem alguma atividade importante na *comunidade*, como a advogada Célia, que presta serviço jurídico gratuito e organiza bazares para arrecadar doações para idosos na igreja de seu bairro. Com outros dez moradores da região, Célia recebeu a Medalha Pedro Ernesto, por indicação de Marta. Mais 150 "lideranças comunitárias" foram homenageadas com Moções de "Louvor e Reconhecimento" da Câmara Municipal.

As honrarias são uma forma importante de Marta consolidar a relação com os membros de sua rede, como vimos na questão dos *acessos*. A assessora Adelaide, intermediária que colocou Célia em contato com Marta, explica que a advogada inicialmente "não deu muita bola" quando foi convidada a receber a medalha. Em compensação, depois que seu filho lhe explicou que aquela era a "maior condecoração da cidade do Rio de Janeiro", Célia ficou "histérica", dizendo que "não estava à altura". Os assessores contam que, depois da homenagem, os agraciados (como Célia) passam a dar palpite em tudo o que eles fazem, entram e saem do escritório sem pedir licença e, em alguns casos, pedem cada vez mais coisas a Marta.

As "lideranças comunitárias" são tratadas de modo diferenciado das demais pessoas. Outro bom exemplo é o caso de Hélio, morador de um conjunto da região. A secretária Dilma sempre permite que ele entre sem ficar na fila e sem preencher cadastro. Em geral, Hélio conversa com Marta sobre as obras no conjunto, sobras de material e problemas diversos. Em certa ocasião, pediu ajuda para resolver um "problema particular" envolvendo a certidão de posse de seu imóvel. Marta leu os papéis e disse que ia mandar o advogado do escritório atendê-lo logo: "Você tem prioridade", justificou.

Os moradores dos conjuntos mais próximos ao escritório sempre têm preferência no atendimento. No caso das vagas de escola, por exemplo, as pessoas "amigas" e "conhecidas" são atendidas primeiro. Uma assessora lembra que já conseguiu vaga para vários conhecidos seus, mas costuma deixar Marta "priorizar" quem deve ser atendido primeiro. E justifica: "Porque ela [Marta] tem que atender as pessoas que ela tem interesse, que são pessoas amigas dela."

Além da prioridade para as pessoas "amigas" da *comunidade*, o atendimento também é facilitado para todos quando o problema ou pedido refere-se a algum órgão ou fonte de recursos que tem relações de *acesso* com Marta. Nesses casos, é comum Marta dar um telefonema para tentar uma solução imediata. Como nas audiências coletivas, o pedido feito na frente do visitante reforça sua imagem como alguém que tem *acessos*.

O único problema da estratégia da "solução por telefone" é o risco de não haver uma resposta positiva do outro lado da linha. Certa vez, Marta viu-se diante dessa situação. Uma funcionária pública que trabalhava em

Roseiral estava sendo transferida para o centro da cidade, contra sua vontade, e pedia à vereadora que intercedesse. Com a moça sentada à sua frente, Marta explicou que ia ligar para o "Sr. Neves", diretor do órgão responsável — "talvez ele lembre que eu existo", brincou. Neves não estava e seu subordinado não podia (ou não queria) resolver o problema. Marta mandou um recado: "Diz ao [Neves] que eu deserdo ele se ele não atender meu pedido. Estou testando meu prestígio. Diz para ele me ligar." Mas a funcionária foi mesmo transferida.

Às vezes, quando o problema é material e faltam recursos ou interesse dos órgãos, Marta prefere "agilizar" o atendimento recorrendo ao próprio "bolso". A verdade é que nem todos os problemas e pedidos podem ser resolvidos apenas através dos *acessos* aos órgãos públicos. Os conjuntos habitacionais, por exemplo, são considerados propriedade particular e não podem ser oficialmente beneficiados através da administração estadual ou municipal.

"*Nessas áreas onde o poder público não entra, eu tenho que entrar*", explica Marta. Ela diz que seu pai "acostumou mal" os moradores, dando tudo o que eles pediam, porque tinha "pena". Depois que assumiu o escritório, Marta passou a incentivar outras maneiras de arrecadar dinheiro, como rifas, bingos e festas. Ainda assim, a ajuda em forma de material de construção, tintas, grades ou similares ainda é bem significativa e freqüente. Há exemplos de construções de muros, reformas de telhado, iluminação de quadras de esportes, vestiários, áreas de lazer, entre outros, nos quais os Silveira contribuem com o material e os moradores com a mão-de-obra.

Marta também colabora para melhorar o espaço físico de diversas escolas da região. Embora o objetivo principal de seu trabalho seja trazer investimentos públicos para a *comunidade*, ela utiliza recursos próprios em alguns casos porque fica "sensibilizada" com os problemas: "Às vezes é uma pessoa da comunidade que você conhece, que está com dificuldades [...]. Eu não tenho, mas eu tiro do meu bolso. [...] Eu sei que isso é muita loucura, que isso não existe, é irreal, mas é o que eu me proponho. Eu encaro muito como missão."

O que mais sensibiliza Marta são os problemas ligados a educação e saúde. Ela conta que desde o início de 1995 paga escola de três crianças da *comunidade* porque não conseguiu vaga para elas em escolas públicas: "Tem coisas que não dá pra dizer não, entendeu? Quando você não conhece a realidade das pessoas, você cria uma certa isenção e não se envolve tanto. Quando você conhece, é difícil você dizer que não. Na cabeça das pessoas você sempre pode. Sempre pode."

Casos ligados à saúde também justificam o uso de recursos próprios. Não é possível atender todo o mundo, segundo Cláudio, mas às vezes é um gasto "insignificante", como tapar uma vala de esgoto que ameaça a saúde de crianças. Nesses casos, "o poder público não vai interferir porque é um terreno particular, então, a gente até dá", diz o assessor.

Além dos problemas de saúde causados por falta de saneamento e condições de higiene, há a deficiência do atendimento médico prestado por postos e hospitais públicos da região. Marta justificou a abertura de sua Clínica afirmando que as pessoas da *comunidade* precisavam ser tratadas com mais "dignidade". Nos postos públicos, têm que chegar na fila às quatro da manhã e ainda são "maltratadas". Seu objetivo não era fazer "politicagem" nem atendimento de "massa", mas sim atender a *comunidade* "dignamente", com equipe, médicos e instalações de qualidade. A Clínica precisava de contribuições "não de bens materiais, mas afetivos e morais". Marta admite que a Clínica não resolve todos os problemas, mas é uma forma de "ajudar a nossa região".

Marta tem a expectativa de que as pessoas atendidas reconheçam e retribuam seu esforço com votos, como fazem os moradores dos conjuntos há muitos anos. Em relação à Clínica, esclarece: "Eu não sei quem é que está sendo atendido ali. Eu não vou lá perguntar se é meu eleitor, se não é. Mas é claro que eu vou pedir a essas pessoas, depois de atendidas, numa época de eleição, que me prestigiem."

No dia-a-dia, o voto não é tratado como mercadoria de troca. Marta ou seus assessores jamais utilizam diretamente a palavra "voto", exceto nos últimos três meses de campanha. Partem do princípio de que o voto deve ser uma expressão gratuita, um reconhecimento espontâneo e não uma dívida que se deva cobrar. A palavra só é usada eventualmente em reuniões ou por visitantes esporádicos do escritório, que não estão socializados nos códigos das relações de atendimento. No cotidiano, a *comunidade* também não fala em voto, mas expressa sua obrigação e apreço para com os Silveira através de presentes, festas e discursos de agradecimento. Caixas de bombons, doces e salgadinhos feitos em casa, receitas, flores, convites para festas e aniversários chegam diariamente ao escritório.

A divulgação

O reconhecimento espontâneo da *comunidade* seria o desfecho ideal para o trabalho dos Silveira. Na prática, porém, todo o processo de atendimento, através do trabalho de rua, das reuniões, do escritório, da Clínica ou do gabinete, é amparado por um sistema de divulgação. Marta tem em sua equipe uma assessora de imprensa, Nádia, um operador de computador, Nilton, e um fotógrafo-cinegrafista, Luís. Sempre que um problema da *comunidade* é solucionado, são produzidos "comunicados" e faixas anunciando o fato. Para otimizar o processo, existem formulários de "pedidos de comunicado" e "pedidos de faixa" que são preenchidos pelos assessores sempre que necessário. Em caso de reuniões maiores, também são feitos convites impressos.

As festas de inauguração das obras concluídas também são meios de divulgação e celebração do trabalho dos Silveira junto à *comunidade*. Em geral, o esforço de organização é conjunto. Marta ajuda com enfeites, iluminação e convites, mas são as pessoas da comunidade que preparam as comidas e bebidas para as comemorações. Além dessas festas, Marta e os membros da *comunidade* também se unem para promover eventos de entretenimento.

Em todos os bairros da região existem grupos dedicados à organização de festas. Os Silveira participam como convidados ou patrocinadores de vários eventos, como concursos de samba-enredo, encontros de dança, competições entre alunos de escolas locais, datas comemorativas, atividades esportivas, dia da criança, quadrilhas, shows de música, entre outros. Ocasionalmente, também promovem campanhas educativas ou de caridade. Segundo sua equipe, as mais bem sucedidas foram as de combate ao lixo nas ruas e a de arrecadação de agasalhos e cobertores, no inverno.

Marta e Fernando praticamente não aparecem nos jornais de grande circulação da cidade, e também não gostam de comparecer a entrevistas e debates no rádio e na TV ao lado de outros políticos. Preferem ter espaço em reportagens de pequenos jornais locais, de circulação restrita à região. Muitas matérias são pagas e o texto é escrito pela própria assessora de Marta. Os Silveira chegaram a produzir um jornalzinho próprio, mas o projeto foi cancelado.

Os principais meios de divulgação do trabalho de atendimento dos Silveira são as "faixas" e os "comunicados", produzidos em larga escala.

Apesar de caras, as faixas são consideradas um tipo de divulgação indispensável ao trabalho de atendimento. As faixas costumam trazer dizeres do tipo: "A comunidade agradece à vereadora Marta Silveira e ao deputado Fernando Silveira a iluminação da rua Jarim." Às vezes, o agradecimento é extensivo ao prefeito ou à Prefeitura. Em algumas delas, imprime-se as iniciais de Marta junto ao *slogan* "o trabalho que faz acontecer!", que se tornou uma marca dos quatro anos de seu primeiro mandato.

Apesar de seu conteúdo, as faixas não são custeadas pelos moradores. Servem para demarcar a *área* dos Silveira e representam uma demonstração pública de apoio, reforçando a associação de seu nome à realização da benfeitoria e aos moradores do local. Freqüentemente, há colocação ou retirada de faixas motivada por conflitos com outros políticos. Em alguns casos, acusam-se os concorrentes de estar pagando aos moradores para colocar faixas em suas casas. Certa vez, por exemplo, uma moradora trocou a faixa de Marta pela de outro político, pois, segundo a equipe dos Silveira, estava interessada em se candidatar a presidente da associação de moradores do local.

De preferência, as faixas devem ser colocadas na fachada de uma residência ou comércio, para que não sejam retiradas nem pela limpeza urbana nem pelos concorrentes. Além disso, estando sob a guarda dos moradores, as faixas confirmam seu valor como expressão do reconhecimento destes em relação ao trabalho dos Silveira.

As faixas e os comunicados têm o propósito de avisar aos moradores que determinada obra ou benfeitoria só foi conseguida porque Marta e Fernando encaminharam o problema aos órgãos competentes. No escritório, costuma-se dizer que "de filho bonito, sempre aparece pai", isto é, feita a obra, sempre vão surgir políticos querendo aparecer como responsáveis por sua execução. As faixas e os comunicados são um modo de tentar evitar que isso aconteça.

Os "comunicados" são pequenos papéis, de aproximadamente 15 por 20 centímetros, com informações sobre as resoluções dos problemas da *comunidade*. O modelo mais utilizado vem com a foto de Marta no canto superior esquerdo, ao lado de seu nome e do *slogan* "o trabalho que faz acontecer". O texto sempre traz o nome da rua ou do bairro onde foi realizada a obra ou benfeitoria, com dizeres do tipo: "Temos a grata satisfação de comunicar que foi implantado o sinal luminoso na rua Vieira". Seguem-se frases como: "Valeu a participação de todos", "Vocês reivindicaram e juntos conseguimos a liberação da obra" ou "Juntos conseguimos que a Prefeitura atendesse nossa solicitação!". Todos os comunicados terminam com estímulos à participação da comunidade, seguidos do endereço e telefone do escritório: "Continuem nos informando sobre os problemas de seu bairro. A sua participação é fundamental. Um forte abraço e parabéns! Deputado Fernando Silveira, Vereadora Marta Silveira. Qualquer dúvida ou sugestão fale conosco."

Os assessores gostam de ter comunicados para distribuir enquanto fazem novos contatos em suas *áreas*. Alguns têm apenas o objetivo de informar que este ou aquele problema já foi encaminhado. Como comprovação, costuma-se acrescentar o número do processo, do ofício ou até da emenda orçamentária que está tramitando.

Os assessores precisam garantir que Marta e Fernando receberão o reconhecimento pelas obras que patrocinaram. Devido à enorme competição entre os políticos da *área*, é preciso que os moradores saibam quem "conseguiu" o benefício. As "reportagens" gravadas em vídeo são a forma mais elaborada de produzir esse efeito. Na primeira parte, são gravadas entrevistas com moradores que reivindicam a solução de algum problema. As filmagens são feitas no local e geralmente mostram ruas enlameadas, esgotos a céu aberto, toneladas de lixo e assim por diante. As pessoas aparecem reclamando, criticando, e a maioria diz que "não acredita em políticos". Com a obra pronta, a equipe volta ao local para nova filmagem e registra depoimentos bem diferentes. Todos ficam felizes e a fala mais comum se assemelha com a de um senhor que disse certa vez:

> Antes eu não acreditava realmente. Achava que político só prometia e não fazia nada, mas eu conheci a vereadora e agora acredito nela. Espero que ela continue fazendo esse trabalho. Ela realmente não é que nem os outros. Ela gosta do que faz. [...] O meu agradecimento vai ser o meu voto. Nós vamos ajudar na campanha. Isso, você não tenha dúvida.

Considerações finais

A obrigação de atender

Em seu famoso *Ensaio sobre a dádiva*, Mauss define assim a "obrigação de dar": "Só conserva a autoridade [aquele que] provar que é favorecido pelos espíritos da fortuna, que é possuído por ela e que a possui, sendo a única forma de provar esta fortuna gastando-a, distribuindo-a, humilhando os demais e pondo-os 'na sombra do próprio nome'."[1]

Mauss nos mostra que a autoridade e o prestígio decorrem de um processo amplo, que opera sob a *lógica da dádiva* e cujas características podem ser encontradas com maior ou menor ênfase em diferentes sociedades. No trabalho de atendimento promovido por Marta Silveira encontramos mecanismos de regulação e obrigatoriedade que reforçam a existência de uma lógica semelhante.

Como vimos, o atendimento depende essencialmente da existência de *acessos*, tanto para a obtenção de recursos públicos quanto privados, envolvendo um processo contínuo de trocas. A oferta começa com a divulgação dos nomes do deputado e da vereadora como detentores das soluções para os problemas da *comunidade*. Os assessores e os "líderes comunitários" são os intermediários, que ajudam a revelar o status diferenciado dos Silveira.

O status social de alguém é dado pelo julgamento dos outros indivíduos. Estes avaliam segundo seus próprios valores e com base em seu conhecimento das qualidades da pessoa. Quando a avaliação é positiva, o status torna-se *prestígio*. As formas de contato e a maneira como os Silveira são tratados mostram que os membros da *comunidade* reconhecem sua posição diferenciada, assim como seu prestígio. A disputa pelo direito de recebê-los em casa, a preparação de refeições especiais ou as demonstrações de proximidade e intimidade são atos de deferência e reconhecimento dos moradores.[2]

O prestígio de Marta aparece em diversas fases do processo de atendimento e, principalmente, quando se observa a importância de sua presença e de sua palavra para os moradores de Roseiral. Por mais que os assessores e algumas pessoas sejam "canais de ligação", a vereadora é a detentora do status que atrai os moradores para o processo de atendimento. O compromisso é uma tarefa exclusiva do político porque é ele, em última análise, que detém os *acessos*.

Marta começou a ter consciência de seu status diferenciado desde que assumiu o escritório do pai. Estar ali, como *filha do deputado*, era uma forma de tornar o processo de atendimento mais legítimo — "porque as pessoas querem falar com o político", ela explicava. A importância desse contato direto com os políticos aparece em várias pesquisas, como na fala desse ex-prefeito: "A comunidade [...] sempre quer falar com o prefeito. Todo mundo é amigo do prefeito, todo mundo quer resolver as suas coisas com o prefeito, todo mundo quer ter o prazer de despachar com o prefeito, de falar com o prefeito, de decidir as coisas com o prefeito. Ele se sente honrado, ele se sente bem com essa questão."[3]

A *obrigação de atender* deriva justamente da necessidade de construir, confirmar e sustentar essa posição de status social diferenciado. O reconhecimento depende de haver uma oferta contínua de atendimento, que confirme a identidade do político como alguém que detém os *acessos* — um bem extraordinário, fora do alcance das demais pessoas.

O caráter obrigatório do atendimento aparece inúmeras vezes no universo dos Silveira através das falas de Marta: "Nas áreas onde o poder público não entra, *eu tenho que entrar*", "*não dá para dizer não*" etc. Nesse mundo, a obrigação de atender é constitutiva da política. Quando critica os políticos "ideológicos", por exemplo, Marta afirma que, embora regulados por seus partidos, esses políticos também "*têm que atender* a comunidade, *têm que atender* os amigos! São as pessoas que ajudam eles."

A concepção de que o político tem a *obrigação de atender* não é exclusiva do universo dos Silveira. Dentro de um certo estilo político, o atendimento é não apenas legítimo, como necessário e obrigatório.

Essa visão pode ser encontrada em inúmeras pesquisas e depoimentos de parlamentares. Um bom exemplo é o caso de um deputado federal que teve seu mandato cassado na década de 1990 por aceitar dinheiro para trocar de partido. Ele estranhou a condenação, justificando que precisava daquela quantia porque, afinal, "não tinha condições de agüentar os encargos sociais decorrentes do exercício de seu mandato. Quando os eleitores pediam assistência social, cadeira de rodas etc., ele *tinha que ter dinheiro para atendê-los.*"[4]

Podem existir diferentes motivações para a obrigatoriedade de atendimento. Algumas, inclusive, ultrapassam a fronteira da legalidade, caracterizando corrupção.[5] No entanto, em todas existe uma dimensão simbólica, que deriva de uma concepção de política que privilegia a lógica da dádiva e, consequentemente, dos *acessos*.

O atendimento é permeado por situações que confirmam os *acessos* de Marta e Fernando Silveira. Audiências, telefonemas, comunicados, ofícios, homenagens, assim como doação de material e realização de obras, são formas de mostrar e ao mesmo tempo compartilhar os *acessos* com a *comunidade*. No atendimento, procura-se sempre deixar claro que os *acessos* só podem ser alcançados através da mediação dos Silveira. O poder público é caracterizado como uma instância isenta, impessoal, que não resolve os problemas porque "não conhece a realidade das pessoas". Os Silveira, ao contrário, são membros da *comunidade* que se envolvem e se "sensibilizam" com as dificuldades de seus moradores. Na lógica do atendimento, é preciso que existam relações de caráter pessoal, de amizade e afeto: "Quando você conhece, é difícil dizer não. Na cabeça das pessoas você *sempre pode*", explica Marta.[6]

Durante o trabalho de rua, é comum encontrar moradores que questionam o processo de atendimento. Diante de uma obra concluída, alguns costumam provocar os assessores dizendo que o "poder público" não fez mais do que sua "obrigação". O assessor explica que isso *não* é verdade — aquela obra só foi realizada devido à intermediação de Marta e Fernando Silveira. Cláudio, por exemplo, tem sempre uma resposta pronta para esse tipo de provocação. Argumenta que, se você não tiver um "referencial político" para priorizar esta ou aquela obra, vai esperar dez, 15, 20 anos, e talvez nem esteja vivo para ver sua conclusão. É preciso "ter um político que realmente brigue e lute para que o poder público interfira naquele lugar". O papel do político, ele continua, é fazer com que o poder público "priorize" sua região. Sem a interferência do deputado e da vereadora, "não haveria obra nenhuma" — seria tudo "muito frio", apenas "uma folha de papel".

Os Silveira e seus assessores têm uma avaliação extremamente positiva de seu trabalho. "Eu presto serviço dos dois lados: eu colaboro com o órgão pela fiscalização que a gente faz e colaboro com a comunidade buscando a solução", explica Marta. Em outro momento, ela diz: "Eu acho que estou beneficiando a comunidade e a Prefeitura, porque os órgãos não têm estrutura para fazer esse levantamento." Além de contar com o apreço da *comunidade*, como já vimos, Marta ressalta que os funcionários dos órgãos contatados também "respeitam", "gostam" e consideram seu trabalho "muito importante".

O ciclo do processo de atendimento termina, idealmente, com o reconhecimento espontâneo e gratuito da *comunidade*, materializado através dos votos. Os votos são o "patrimônio" por excelência do político e é somente por eles e através deles que se consolidam os *acessos*. Dentro da lógica da dádiva, portanto, ao aceitar o atendimento, a *comunidade* tem a *obrigação de retribuir* com seus votos. Tanto nos diálogos das reuniões, quanto nas falas dos moradores, a obrigação de votar está o tempo todo implícita para os participantes do processo. É preciso apenas que o parlamentar honre sua palavra. Por sua longa experiência, um antigo assessor dos Silveira não tem dúvidas sobre as regras da jogo: "O político trabalha e quer o trabalho dele reconhecido. O que ele ganha em troca? O voto do eleitor. É esse o papel do político."

Os amigos, as "lideranças comunitárias", os síndicos dos conjuntos, as pessoas de "ligação", recebem um tratamento especial porque reconhecem pública e cotidianamente a sua "dívida" para com os Silveira. Como membros da *comunidade*, inclusive, eles já vêm demonstrando, há muitas eleições, que são o "carro-chefe" de Marta e Fernando. É sobretudo para eles, para as pessoas "que você conhece", que o atendimento tem um caráter obrigatório.

Na prática, os processos de divulgação são uma tentativa de provocar nos moradores de toda a região o mesmo comportamento ideal dessas pessoas. A necessidade de recorrer aos artifícios de divulgação (faixas, comunicados e, em última análise, a própria campanha) mostra que é preciso "produzir a espontaneidade" da retribuição. Os textos das faixas e comunicados evidenciam isso ao apontar o processo de atendimento como resultado de uma ação conjunta dos Silveira com a população. Procura-se reforçar a aliança do parlamentar com a *comunidade* como a única forma de se obter os *acessos* — as obras e demais serviços que, de outra maneira, não seriam prestados pelo poder público. Ao mesmo tempo, é preciso apresentar os Silveira como intermediários indispensáveis. O *slogan* "o trabalho que faz acontecer" enfatiza justamente essa noção de eficácia. A escolha da palavra "trabalho" remete a esforço e disciplina e os verbos escolhidos, a produtividade. Valendo-se de valores que comumente são considerados a antítese da política, Marta e Fernando Silveira pretendem se diferenciar dos demais políticos e candidatos.[7]

As eleições são um momento-chave do processo de atendimento. As trocas que operam segundo a lógica da dádiva não ocorrem todas ao mesmo tempo. Os intervalos, esperas e escolhas entre aqueles que trocam afetam o comportamento e o status dos participantes. A ênfase na dimensão da reciprocidade por vezes esvazia as experiências diferenciadas dos envolvidos no processo. A dimensão temporal faz parte do sistema de dádivas, que inclui risco, imprevisibilidade e incerteza daqueles que trocam.[8]

O parlamentar só saberá se obteve ou não a retribuição esperada quando as urnas forem abertas. "Eu só vou ver o retorno depois", diz Marta. Não há garantias, embora a expectativa seja de uma retribuição pelos serviços prestados: "Será que vale a pena?", "Será que dando o teu suor, o povo reconhece?". Às vésperas da eleição, essas dúvidas se transformam em medo, ansiedade e insegurança. Nas palavras de Marta: "*Às vezes eu penso que tenho todos os votos, às vezes eu penso que não tenho nenhum*".

Clientelismo urbano?

> — *Quando se sabe que um político está mentindo?*
> — *Quando ele abre a boca...*[9]

A associação da política com a mentira e o engano tem assumido, em relação à sociedade brasileira, um caráter peculiar. Em sua grande maioria, as análises a respeito da prática de nossos políticos são sempre pautadas pelo aspecto negativo de suas atuações. "Mandonismo", "coronelismo", "patrimonialismo" e "clientelismo" são alguns dos conceitos que vêm sendo historicamente utilizados para classificar a política no Brasil.[10]

Embora muitas vezes empregados de modo impreciso, todos esses conceitos apontam para a idéia de que nossas práticas políticas são atrasadas e inferiores. Essa classificação é baseada no princípio de que o modelo ideal de política é aquele encontrado na sociedade industrial e baseado em um sistema de representação de interesses, multipartidarismo e liberalismo, materializado sobretudo pelas experiências de países da América do Norte e Europa. Em contrapartida, a natureza da dominação no Brasil, assim como na América Latina, tem se caracterizado pelo papel do Estado como um distribuidor de recursos e bens públicos em troca de votos e apoio.

Desse ponto de vista, o "clientelismo urbano" seria uma das formas atuais do nosso estágio de desenvolvimento político. "Como mudar essa situação?", perguntam muitos cientistas sociais. A prática do clientelismo parece sempre "sobreviver" às tentativas de "modernizar" a sociedade brasileira. Seria preciso encontrar suas "virtualidades negativas" e tentar, na medida do possível, "limitar sua capacidade desagregadora e destrutiva".[11]

As relações clientelistas já foram descritas com precisão e riqueza, como nas pesquisas de Diniz. Em geral, são avaliadas por sua negatividade em relação a um modelo de atuação baseado na adoção do contrato individualista:

> Na relação clientelista, é essencial o papel do político enquanto *mediador* entre as demandas e as decisões capazes de atendê-las. Os mecanismos impessoais e universalistas de canalização e processamento de demandas cedem lugar a vínculos de cunho pessoal entre líderes e sua rede de indivíduos ou grupos subordinados. [...] Essa mediação como que privatiza a obtenção de um bem público, na medida em que o patrocínio de um político influente aparece como requisito necessário para o acesso a serviços públicos fornecidos pelo Estado ou para a solução de questões específicas.[12]

O clientelismo é um problema do ponto de vista democrático, pois opera sob o princípio da dádiva, implicando sentimentos de lealdade e empenho individual. O eleitor, ao invés de se identificar com seu grupo ou classe, como trabalhador e cidadão, se identifica como beneficiário de um político influente, tornando a política "inacessível sem a interferência das relações pessoais". Tanto para o político quanto para o eleitor envolvidos, esse tipo de relação política é legítima e positiva.[13]

O universo dos Silveira poderia ser facilmente rotulado como um caso típico de clientelismo urbano ainda que, de seu ponto de vista, essa seja uma classificação acusatória e desqualificante. A perspectiva antropológica busca compreender a visão de mundo do "outro", sem estabelecer um julgamento de valor a seu respeito. No entanto, não podemos esquecer que a *comunidade* de Roseiral faz parte de uma sociedade maior, com instituições políticas construídas a partir de princípios democráticos. Esse modelo político está presente no universo dos Silveira — seja através da moldura institucional, seja através de ideologias de vários tipos. Não se trata de um "outro mundo". Marta tem consciência de que seu modo de fazer política é estigmatizado e, em diversas circunstâncias manipula e controla sua atuação visando minimizar possíveis avaliações negativas. Fica claro, portanto, que essas visões a respeito da atividade politica estão sempre *convivendo*, com diferentes graus de harmonia e tensão, combinando-se segundo contextos e circunstâncias específicas.

Relativizando

Em lugar algum existe uma prática política pura, ou uma "verdadeira democracia". Muitos pesquisadores têm mostrado que os modelos políticos jamais podem ser perfeitamente aplicados quando confrontados com as peculiaridades e contextos de cada sociedade.[14] Em pesquisa com dados de mais de 135 países, Cheibub e Przeworski, por exemplo, discutem o conceito de democracia, mostrando que os processos eleitorais — que constituem sua base por excelência — pouco têm a ver com a lógica racional da economia monetária. No Brasil, especificamente, as análises de Santos sobre o congresso nacional mostram que, em função das regras do processo legislativo, todos os parlamentares (independentemente do partido) dedicam-se prioritariamente à produção de leis do tipo clientelista, isto é, que propõem transferência de recursos públicos para indivíduos, empresas, grupos ou localidades.[15]

Estudos como esses mostram a necessidade de relativizarmos os conceitos relacionados ao modelo ideal de política. Comparando, por exemplo, o sistema político anglo-saxão e francês, Grazziano indica que há uma pluralidade de significados para a noção de "interesse público" nessas sociedades. Da mesma forma, a pesquisa histórica de Offerlé sobre o voto na França e em diversos países europeus aponta para a diversidade de características que as noções de cidadania, eleitor e democracia vêm assumindo ao longo do tempo. Veyne chama atenção para a importância do *mecanismo da subjetividade* no domínio político, ao longo de toda a história. Segundo o autor, essa dimensão subjetiva não costuma ser reconhecida, quer pelas análises de esquerda, que privilegiam as relações de classe, quer pelas de direita, que tratam das funções de Estado "consideradas sérias". Para Veyne, existem formas distintas de perceber o poder do Estado, que não se contradizem porque são vividas pelos indivíduos em *domínios de realidade* diferentes.[16]

Fica claro, portanto, que conceitos como "clientelismo" naturalizam e universalizam as idéias de privado/público, indivíduo/sociedade, pessoal/universal. Em grande parte, a naturalização desses valores decorre das análises clássicas sobre a sociedade contemporânea. O desenvolvimento de uma vida econômica racional e regulada, com o progressivo *desencantamento do mundo*, é a característica central do "espírito do capitalismo", como mostrou Weber. Da mesma forma, Simmel chamou atenção para a constituição do *estilo de vida* da economia monetária, baseado na crença na imparcialidade e objetividade dos comportamentos humanos, em detrimento da subjetividade e das emoções. Assim, afirma Simmel, qualquer forma de associação baseada em uma unidade que transcenda os indivíduos — como aquelas que operam sob a lógica da dádiva e do compromisso pessoal — é vista como um "misticismo" que contraria o princípio da universalidade do sujeito moderno.[17]

Embora façam parte de um conjunto mais amplo de valores da sociedade contemporânea, essas características podem assumir diferentes contornos dependendo do universo investigado. A vocação da antropologia estaria justamente em ressaltar a noção de uma "humanidade construída pelas diferenças", como ressaltou Peirano. Para Velho, o dever do antropólogo é "verificar como os próprios nativos [...] percebem e definem tais domínios para não cairmos na armadilha muito comum de impormos nossas classificações a culturas cujos critérios e crenças possam ser inteiramente diferentes dos nossos." Leach lembra a necessidade de identificarmos o que as categorias sociais realmente significam e não o que "deveriam" significar.[18]

"Em qualquer sociedade e/ou cultura", diz Velho, "é possível distinguir áreas ou domínios com um certo grau de especificidade." Em sociedades complexas, especificamente, cabe ao pesquisador encontrar, dentro de diferentes segmentos, quais são "os *temas* valorizados, as escalas de valores particulares, as vivências e preocupações cruciais".[19]

Relativizar, no entanto, não é o mesmo que *valorizar* positivamente. O clientelismo é, sem dúvida alguma, uma prática *perversa* dentro do sistema democrático, sobre o qual se baseiam as instituições políticas brasileiras. Muitas das mazelas dos país devem-se à falta de percepção dos direitos e deveres da cidadania por parte da população e, principalmente, dos políticos que ocupam as diversas esferas do poder público. Desse ponto de vista, são particularmente nocivos aqueles que, como os Silveira, promovem uma relação de solidariedade vertical com seus eleitores, ignorando práticas de organização e reivindicação de demandas coletivas típicas da cultura cívica.[20]

No entanto, é preciso reafirmar a distinção entre as abordagens científica e política, nos termos de Weber. O fato de defendermos politicamente um ideal não significa que, como cientistas sociais, devemos nos abster de estudar práticas baseadas em princípios diferentes dos nossos. Ao contrário, o estudo de universos políticos como o dos Silveira nos permite entender a complexidade dessas diferenças e buscar explicações mais substanciais para suas motivações. Pelas mais diversas razões, as mesmas instituições políticas podem provocar comportamentos totalmente distintos. O interessante é justamente investigar práticas que desafiam a lógica institucional mais ampla, mostrando o quanto esta pode ser permeável a princípios políticos os mais diversos.[21]

O cotidiano da política

Ao longo deste livro, analisei as categorias que fazem parte do universo dos Silveira, destacando sua maior ou menor pertinência em função das situações e do contexto em que são utilizadas. A noção de *acesso* é central para compreendermos as motivações e disposições dos atores estudados. O *acesso*, tal como formulado no plano dos ideais desse universo, é um atributo constitutivo do político, e lhe confere poder e prestígio em todas as esferas da sociedade. Como vimos através da análise dos relatos de Marta sobre a atuação de seu pai, o "deputado ideal" é aquele que tem seu poder reconhecido tanto pelos órgãos públicos quanto pelas demais pessoas da sociedade. Sua posição é a de um *mediador* que tem por obrigação dar, receber e retribuir *acessos* — materializados na forma de bens, votos e serviços públicos.

Do ponto de vista dos Silveira, o *político-mediador* não está "privatizando os bens públicos", como se observa nas análises sobre o clientelismo. Ao contrário, ao atender a população, o político estaria permitindo seu *acesso* a bens que, de outra forma, não poderiam ser obtidos. O "público", portanto, não é visto como um "bem que pertence a todos". Do ponto de vista do morador dessa *comunidade* suburbana, os "serviços públicos" são considerados propriedade, por excelência, da Zona Sul. Assim como o político, os eleitores e os amigos ideais são aqueles que compartilham esses valores, que valorizam os *acessos* como bens extraordinários, "que não têm preço".

Na prática, esses princípios ideais adquirem contornos de maior complexidade. Como observou Sahlins, a realidade empírica evidencia o "risco das categorias na ação", diferenciando o valor conceitual do sistema simbólico de seu valor instrumental. De certa forma, é mais fácil compreender essas diferenças quando se trata de analisar os mitos e as práticas das chamadas sociedades primitivas. Na cultura ocidental, muitas vezes, a distinção entre o que se professa e o que se faz é tomada como uma oposição entre "idealismo" (positivo) e "cinismo" (negativo). Do ponto de vista antropológico, porém, observamos que os indivíduos podem enfatizar um valor mais ideal ou real dependendo da lógica da situação em que estão envolvidos. O fato de agir, em certas circunstâncias, de modo contraditório, não significa que tenham abandonado uma visão idealista a longo prazo. Através da etnografia, observamos justamente essa interação e influência mútua entre valores e eventos.[22]

Ao mostrar o desenvolvimento das carreiras de Marta e Fernando Silveira, assim como de suas campanhas e mandatos, procurei deixar claro as situações de risco, dificuldade e contradição em relação a seus valores. Os processos de formação das candidaturas, assim como de obtenção de votos e *acessos*, são pautados por práticas que negam o caráter espontâneo e gratuito das trocas.

Ao contrário do que ocorre no plano ideal, é preciso estar permanentemente construindo e reforçando os *acessos* do político, conferindo legitimidade a seu papel de *mediador.* O êxito do político depende diretamente de sua capacidade de atender a *comunidade* e de negociar com os órgãos públicos. Em se tratando de um contexto de sociedades complexas, sua *performance* depende também de seu potencial de *metamorfose* entre diferentes esferas e províncias de significado dessa sociedade, isto é, de sua capacidade de negociar e transitar por universos pautados por valores e crenças distintos, como, por exemplo, os que separam em parte o mundo da administração pública do mundo dos moradores de Roseiral.[23]

A trajetória de Marta Silveira mostra sua capacidade singular para lidar com esses diferentes papéis. De *filha de deputado*, ela se torna psicóloga e caminha por conta própria durante algum tempo. Mais tarde, diante do drama familiar, assume o papel de *assessora* de seu pai, constituindo-se sua verdadeira *herdeira* política. Ao reinventar a forma de fazer campanhas, de lidar com a *comunidade*, de conviver com os *assessores*, de cultivar *acessos* e de realizar *atendimentos*, Marta demonstra que é uma *mediadora* com competência e agilidade singulares. Essa excelência materializou-se em uma votação extraordinária — cinco vezes superior à de seu primeiro mandato e mais do que o dobro de qualquer votação já obtida por seu pai. Ao examinar sua trajetória, pudemos ver de perto a complexidade de um mundo onde a política, com seus vícios e virtudes, está no centro das atividades cotidianas.

Agradecimentos

Este livro é uma versão modificada de minha tese de doutoramento, intitulada *Política e Sociabilidade: um estudo de antropologia social*, apresentada em 1998 ao Programa de Pós-Graduação em Antropologia Social (PPGAS) do Museu Nacional, da Universidade Federal do Rio de Janeiro.

Muitas pessoas contribuíram para que este trabalho fosse realizado. Gostaria de agradecer aos colegas, professores e funcionários do PPGAS pelo convívio agradável e estimulante. Com meus companheiros de doutorado, Ana Cláudia Viegas, Clara Mafra, Elizabeth Travassos e Marcos Otávio Bezerra, tive oportunidade de discutir diversas questões tratadas no livro. Através de Lygia Sigaud, Luiz Fernando Duarte e Márcio Goldman, agradeço a todos os professores que colaboraram para minha formação. Sou grata também aos integrantes do Núcleo de Antropologia da Política (NuAP), coordenado pelos professores Moacir Palmeira e Irlys Barreira, por nossas discussões enriquecedoras. Graças a uma bolsa de estudos da Capes, tive as condições necessárias para desenvolver este trabalho.

Sou grata a Antônio Carlos Alkmim dos Reis e Sandro Chermont, que ajudaram na confecção dos mapas das zonas eleitorais, e também a Maria Celina D'Araujo, pela disposição em conversar, emprestar material bibliográfico e fazer sugestões para a versão final do livro. Em Leandro Piquet-Carneiro e Rogério Schmitt, encontrei amigos e companheiros de trabalho que tornaram agradáveis até as enfadonhas disputas entre ciência política e antropologia.

Ana Maria Cavalcanti e Luís Rodolfo Vilhena foram os amigos mais próximos durante a fase inicial desta pesquisa e o nosso convívio estará sempre em minha memória. Claudia Rezende, Hermano Vianna e

Maria Claudia Coelho são uma fonte inestimável de afeto e estímulo intelectual. Agradeço também a competente colaboração de Ana Costa Ribeiro, que digitou parte dos originais da tese, e de Mila Burns Nascimento, por sua alegre e eficiente ajuda na elaboração da versão final deste livro.

Agradeço ainda às professoras Myriam Lins de Barros e Mariza Peirano e novamente, aos professores Moacir Palmeira e Luiz Fernando Duarte, por sua participação em minha banca de doutorado. Na elaboração deste livro, procurei incorporar ao máximo suas críticas e sugestões.

Contei sempre com o apoio e o carinho de toda a minha família. Com Celso Castro, comemoro a vitória de nosso paraíso particular sobre uma dissertação de mestrado e duas teses de doutorado. O professor Gilberto Velho foi muito mais do que um orientador. Como sua assistente de pesquisa desde 1992, tive a melhor oportunidade de trabalho que se pode desejar. Sem o seu senso de humor, amizade e solidariedade, eu jamais teria concluído este percurso. Sou muito grata também a todos os meus informantes, que tornaram o trabalho de campo a parte mais divertida desta pesquisa.

Sem o olhar profissional da editora Cristina Zahar, este livro nunca teria chegado a um formato razoável. Meus agradecimentos sinceros a ela e a toda a equipe da Zahar.

Notas

Introdução

1. Este estudo resultou na minha dissertação de mestrado, intitulada *Política e mediação cultural: um estudo na Câmara Municipal do Rio de Janeiro* (Kuschnir, 1993).

2. Ver Velho e Kuschnir (1996), assim como diversos autores que discutem política e mediação, como Diniz (1982a), Schmidt (1977) e Friedrich (1968), para citar apenas alguns. Sobre as sociedades contemporâneas e níveis de realidade, ver Velho (1994).

3. Entre as principais obras desse período estão *African Political Systems*, de 1940, com prefácio de Radcliffe-Brown e autoria de Fortes e Evans-Pritchard (1961), e a monografia de Evans-Pritchard sobre o sistema político Nuer, publicada também em 1940 (Evans-Pritchard, 1978). Posteriormente, outros antropólogos desenvolveram trabalhos muito importantes nessa área, como Leach, com *Political Systems of Highland Burma*, de 1954 (Leach, 1996), Swartz, Turner e Tuden, com *Local-Level Politics* (1968) e *Political Anthropology* (1976), Geertz, com *Negara*, de 1980, além de Pierre Clastres com *A sociedade contra o Estado* (1974) e *Arqueologia da violência* (1980).

4. Além do trabalho dos autores presentes nas coletâneas organizadas por Palmeira e Goldman (1996), Barreira e Palmeira (1998), ver também Barreira, I. (1998), Barreira, C. (1998), Bezerra (1995 e 1999), Teixeira (1998), Chaves (1998), Coradini (1999), Comerford (1998), Scotto (1998), Kuschnir (1998), Goldman (1999) e Palmeira e Heredia (1993, 1995 e 1997). Para uma perspectiva um pouco diferente, ver as teses de Costa (1980), Lanna (1995) e Viegas (1997). Para uma discussão sobre *antropologia da política*, ver Peirano (1998) e Kuschnir e Piquet-Carneiro (1999).

5. A solução para o problema da identidade dos informantes, assim como da divulgação dos resultados da pesquisa, deve muito aos textos de Becker (1977 e 1993) sobre o tema.

6. Desde 1994, venho trabalhando com os pesquisadores Rogério Schmitt e Leandro Piquet-Carneiro sobre o Horário Gratuito de Propaganda Eleitoral. Ver Piquet-Carneiro e Schmitt (1995), Kuschnir, Piquet-Carneiro e Schmitt (1998) e Schmitt, Piquet-Carneiro e Kuschnir (1999).

7. A necessidade de "afastar as pré-noções" é uma recomendação clássica de Durkheim (1990, p.27). A discussão sobre o trabalho de campo junto ao universo dos Silveira, com suas dimensões "familiares" e "exóticas", está em Kuschnir (1998), e é inspirada nos textos de Da Matta (1978) e Velho (1978a e 1980).

Parte I • Trajetórias na Política

1 • O mito do deputado ideal

1. Sobre a narrativa mítica e seu papel na construção de modelos para o comportamento humano, ver Dabezies, em Brunel (1997, p.731).

2. Ver Leach (1974) para uma distinção entre "padrão ideal" e "real". A respeito da importância da memória na construção da identidade social de grupos e indivíduos, remeto aos textos de Pollak (1989 e 1992) e Portelli (1996).

2 • De sindicalista a "político de subúrbio"

1. Os Institutos de Aposentadoria e Pensões foram instituições de previdência social surgidas a partir da década de 30. O IAPM (dos Marítimos) foi o primeiro a ser criado, em junho de 1933. Com o golpe de 64, os militares reformularam a previdência e criaram o Instituto Nacional de Previdência Social (INPS), em 1966. Sobre a criação e o papel dos institutos previdenciários, ver Malloy (1976a e 1976b) e o verbete do IAPM no *Dicionário histórico-biográfico brasileiro (DHBB).*

2. Ver D'Araujo (1996), além de Rodrigues (1974), Erickson (1979) e Almeida (1983).

3. Durante o governo Lacerda, foram feitas diversas obras monumentais na cidade, como o Túnel Rebouças e o Aterro do Flamengo. Lacerda realizou também obras de abastecimento de água, removeu favelas e construiu conjuntos habitacionais. Seu governo ficou famoso por ser "espetacularmente construtivo" (Dulles, 1992, p.395).

4. As informações sobre o chaguismo deste e dos próximos parágrafos têm como fonte principal o livro de Diniz (1982a).

5. A respeito da força de Chagas nesse período, ver o depoimento de Ernani do Amaral Peixoto (Camargo e outros, 1986, p.468).

3 • De "filha de deputado" a herdeira política

1. A imagem de uma vida parlamentar difícil e sacrificada não é reforçada apenas por Marta Silveira, mas pela classe política parlamentar em geral. Ver, a esse respeito, Kuschnir (1996b).

2. O Mobral havia sido criado no final de 1967, durante o governo Costa e Silva, com a meta de alfabetizar mais de 11 milhões de adultos e erradicar o analfabetismo até 1975. O governo patrocinava também o Projeto Rondon, coordenado pelo Exército, que buscava levar jovens universitários a regiões carentes para ajudar a população. Os dois programas eram também uma tentativa de promover uma imagem mais simpática do governo militar. Sobre o Mobral, ver Cunha (1978), Jannuzzi (1979) e o verbete no *DHBB.*

4 • Tornando-se vereadora

1. As noções de *projeto* e *campo de possibilidades* estão em Velho (1981 e 1988). Sobre o lançamento e valorização de candidaturas por fatores externos, ver Kuschnir (1996b).

2. Esta entrevista foi realizada em 1993, durante pesquisa anterior (Kuschnir, 1993).

5 • A carreira na política

1. Sobre carreiras em geral, ver Becker (1960), Becker *et al.* (1984) e Hughes (1993). Sobre carreiras na política, as referências estão em Leopoldi (1973 e 1977), Leeds, A. (1978), Santos, A. (1997) e Schmitt e Araújo (1997), entre outros.

2. Santos, A. (1997) faz uma ótima análise das carreiras políticas no Brasil, e Schmitt e Araújo (1997) avaliam as chances de apresentação das candidaturas segundo o grau de fidelidade partidária dos candidatos.

3. Ver Viegas (1997, p.121-4).

4. O depoimento está em Martins (1996, p.182).

5. Além de Pitta e Arruda (1966) e Nunes (1976), ver os autores citados em nota anterior sobre carreiras na política.

6. Sobre Araruama, ver Viegas (1997). Casos semelhantes também podem ser encontrados no estudo clássico de Nogueira (1962).

7. Além dos Alvarenga e dos Maurício da Fonseca, Diniz (1982a) também conta a história da família Miécimo da Silva.

8. Nesse aspecto, o caso de Tenório Cavalcanti no Rio de Janeiro é um exemplo importante. Mesmo depois de exercer vários mandatos, não conseguiu se reeleger deputado federal em 1982, nem que seu neto se elegesse deputado estadual na mesma eleição. Ver Beloch (1986, p.92).

9. Ver Palmeira e Heredia (1993 e 1995).

10. Viegas (1997, p.68-9).

11. O depoimento está em Diniz (1982a, p.193). Essa mesma característica também é evidenciada por Mário Martins (1996, p.222). Comentando sua eleição em 1966, ele explica que, como senador, finalmente, não precisaria agir como o deputado que, "mal presta o juramento de posse, já está em campanha para a reeleição".

PARTE II • O COTIDIANO DA POLÍTICA

6 • "Subúrbio, mostra a tua cara"

1. Velho (1978b, p.14) chama atenção para o aparecimento da Barra, no final da década de 1970, como o novo "Eldorado", onde, idealmente, não seriam repetidos os "erros" de planejamento urbano de Copacabana. Vinte anos depois, a Barra seria consagrada como o "bairro dos emergentes" – expressão criada pela colunista social Hildegard Angel para indicar pessoas da Zona Norte e do Subúrbio que teriam ascendido socialmente, sendo comumente retratados pela imprensa e por moradores da Zona Sul como cafonas, exibicionistas etc.

2. Essas definições estão em Velho (1978b). Sobre as diferentes classificações de *subúrbio*, ver também Vianna (1988) e Heilborn (1984).

3. Esse episódio chama atenção também para o caráter classificatório que objetos de campanha assumem durante as eleições. Esse tema é discutido em Kuschnir (1999) e também em outros autores, como Palmeira e Heredia (1995 e 1997) e Guebel (1996).

4. Ver Velho (1978b), especialmente o Capítulo 4: "Ideologia e imagem da sociedade".

5. Kuschnir (1996b). Ver também, entre outros, Diniz (1982a) e Palmeira e Goldman (1996).

6. O recorte espacial dos cadastros e votos não são a única expressão da divisão política da cidade. Assim como existem os políticos "de área", existem exemplos de políticos identificados com profissões, sindicatos, grupos etários, ideologias etc. Ver Kuschnir (1993 e 1996b), além de outros exemplos em Chaves (1996) e Santos, N. (1997).

7 • Assessores: uma equipe que "veste a camisa"

1. Ver, entre outros, Gluckman (1968), Friedrich (1968) e Landé (1977). No caso brasileiro, essa característica do papel de assessores e "cabos-eleitorais" também é destacada por Diniz (1982a).

2. Sobre o papel da mediação nos mais diferentes contextos, ver Velho e Kuschnir (1996).

3. A noção de "ordem moral", assim como suas implicações para relações de vizinhança etc., é usada aqui no sentido dado por Park (1979).

4. Sobre pesquisas relacionadas a trabalho e instituições, ver Hughes (1993). Sobre o estilo de vida da economia monetária, ver Simmel (1978).

5. Ver Park (1979) e, para casos semelhantes no Brasil, Diniz (1982a).

6. Ver Simmel (1939, p.347). O conceito de relações de caráter múltiplo (*multiplex*) está em Gluckman (1962).

7. A noções de *projeto* e *campo de possibilidades* utilizadas estão em Velho (1981).

8 • Política: "acessos que não têm preço"

1. O "bom trânsito" é um valor importante entre os parlamentares por representar a possibilidade de aprovação de seus projetos, proposições etc. Ver Kuschnir (1996a).

2. Para o conceito de *rede social*, ver Epstein (1969).

3. Os *acessos* são a motivação básica das relações entre os envolvidos ou os "*purposive action-sets*" dessa rede social, como definiu Mayer (1969, p.102).

4. Ver Freyre (1973), Hollanda (1978), Matta (1979) e Velho (1981).

5. O problema da generalização do termo "relações pessoais" também é apontado por Bezerra (1995).

6. Para uma perspectiva histórica sobre este tipo de prática política no Brasil, ver Carvalho (1997) e Graham (1997). Entre outros, os trabalhos de Avelino Filho (1994), Banck (1994), Bezerra (1995), Diniz (1982a, 1982b) e Leeds, A. (1978) também são referências importantes sobre o tema. É claro que essa também é uma característica presente em diversas sociedades, como mostra, por exemplo, Barnes (1994).

7. Sobre a legislação eleitoral brasileira, ver Lima Jr. (1991). A questão da influência dessa legislação na disputa intra-partidária também está discutida em Schmitt, Piquet-Carneiro e Kuschnir (1999). A referência clássica sobre conflito e sociabilidade é Simmel (1964).

8. A interpretação do conceito de *amizade* aqui utilizada foi formulada por Rezende (1998). Sobre as diferentes acepções do termo, ver também Bezerra (1995).

9 • A "comunidade": problemas e pedidos

1. Casos similares também foram descritos por Leeds, E. (1996).

2. Este levantamento foi feito a partir da observação do processo de atendimento no escritório, no *trabalho de rua*, nas reuniões com os moradores, nas audiências em órgãos públicos e no gabinete de Marta na Câmara Municipal. Os números referem-se a uma amostra de 170 casos, dos quais 61 foram solucionados durante o processo de acompanhamento da pesquisa.

3. Refiro-me diretamente ao texto clássico de Tönnies (1965) sobre o tema. Para estudos de comunidade, ver também Bell e Newby (1971) e Champagne (1975).

4. O conceito de *comunidade moral* está definido em Bailey (1971).

5. Sobre a discussão de *projeto*, prestígio e ascensão social e suas implicações para as noções de individualismo e hierarquia na sociedade brasileira, ver Velho (1981), especialmente os capítulos 1 e 2.

6. Ver Boschi (1983 e 1987), Dagnino (1994), Doimo (1995) e Sorj e Almeida (1983), entre outros.

7. Como mostra o detalhado levantamento feito por Diniz (1983, p.66), as associações preferem, de fato, procurar diretamente os órgãos públicos, e não os vereadores ou deputados. Sobre as disputas pelo apoio dos presidentes de associações, ver Gay (1990).

8. Sobre o papel dos *inter-mediadores*, ver, entre outros, Redfield (1965).

Considerações finais

1. Mauss (1974, p.104-5).

2. Para essa definição de status social, ver Goldhamer e Shils (1964, p.150).

3. Citado em Viegas (1997, p.105).

4. Diário do Congresso Nacional, n. 201, p.327, citado por Teixeira (1998, p.129). A esse respeito, ver também Diniz (1982a), Beloch (1986) e Viegas (1997), entre outros.

5. Sobre corrupção na política, ver Bezerra (1995).

6. Viegas chama atenção para esse mesmo ponto através da frase de um de seus informantes: "[Você] se sensibiliza com a situação de uma pessoa [...]. Quando chega uma pessoa nessa circunstância na sua frente, você não consegue deixar de ajudar" (1997, p.96-7).

7. Em sua pesquisa numa cidade do interior do estado do Rio de Janeiro, Goldman e Silva (1998) também encontraram campanhas cujo *slogan* era muito parecido com o dos Silveira. O destaque para a palavra "trabalho" parece ter este mesmo sentido. Quanto ao descrédito em relação à capacidade de trabalho dos políticos, além do que

já vimos neste livro, remeto ao texto de Palmeira e Heredia (1997), que começa justamente tratando dessa questão.

8. A discussão sobre o efeito do tempo nas trocas regidas pela lógica da dádiva está em Bourdieu (1980).

9. Ditado russo, citado por Barnes (1994. p.30).

10. Para uma revisão desses conceitos, ver Carvalho (1997).

11. A pergunta é de Avelino (1994, p.240), mas é sintomática de uma visão mais ampla. O mesmo autor cita a expressão "virtualidades negativas", originalmente de Fábio Wanderley Reis.

12. Citado em Diniz (1982a, p.217). Ver também Diniz (1982b).

13. Sobre legitimidade, ver Diniz (1982a, especialmente p.123, 218) e também Lanna (1995).

14. Ver, entre outros, Schumpeter (1984).

15. Ver Cheibub e Przeworski (1997) e Santos, F. (1995). Sobre comportamento parlamentar no Congresso Nacional, ver o importante trabalho de Figueiredo e Limogi (1999).

16. As referências aos autores citados estão em Grazziano (1997), Offerlé (1993) e Veyne (1987).

17. Ver Weber (1981) e Simmel (1978, p.436, 439), além de Dumont (1985), Elias (1990) e Duarte (1983).

18. As citações dos autores estão em Peirano (1995, p.15), Velho (1981, p.18) e Leach (1974, p.50). A respeito da relativização, ver também Geertz (1983).

19. Velho (1981, p.18, 21).

20. Sobre o conceito de cultura cívica, ver Almond e Verba (1963), Putnan (1997) e Kuschnir e Piquet-Carneiro (1999).

21. Ver Weber (1979). Sobre a relação entre instituições e comportamento político (ou *cultura política*), ver a importante análise de Putnam (1997) sobre o caso italiano.

22. Utilizo aqui as distinções entre "ideal" e "real" nos termos de Leach (1974). A citação está em Sahlins (1990, p.182-6). A discussão sobre "idealismo" *versus* "cinismo" está em Becker *et al.* (1984).

23. Ver Velho (1994) e Velho e Kuschnir (1996).

Referências bibliográficas

ALMEIDA, Maria Hermínia T. (1983) "O sindicalismo brasileiro entre a conservação e a mudança", *in*: B. Sorj e M.H.T. Almeida (orgs.), *Sociedade e política no Brasil pós-64*. São Paulo, Brasiliense, p.191-214.

ALMOND, G. e VERBA, S. (1963) *The Civic Culture*. Princeton, Princeton UP.

AVELINO FILHO, George. (1994) "Clientelismo e política no Brasil: revisitando velhos problemas", *Novos Estudos Cebrap*, n.38, p.225-40.

BAILEY, F.G. (1971) "Gifts and poison", *in*: F.G. Bailey (org.), *Gifts and Poison: The Politics of Reputation*. Oxford, Basil Blackwell, p.1-25.

BANCK, Geert A. (1994) "Democratic transparency and the train of joy and happiness: local politicians and the dilemmas of political change in Brazil", *in*: Jojada Verrips (org.), *Transactions: Essays in Honor of Jeremy Boissevain*. Amsterdam, Spinhuis, p.135-6.

BARNES, J.A. (1994) *A Pack of Lies: Towards a Sociology of Lying*. Cambridge, Cambridge UP.

BARREIRA, César. (1998) *Crimes por encomenda: violência e pistolagem no cenário brasileiro*. Rio de Janeiro, Relume-Dumará/NuAP.

BARREIRA, Irlys. (1998) *Chuva de papéis: ritos e símbolos de campanhas eleitorais no Brasil*. Rio de Janeiro, Relume-Dumará/NuAP.

BARREIRA, Irlys e PALMEIRA, Moacir (orgs.). (1998) *Candidatos e candidaturas: enredos de campanha eleitoral no Brasil*. São Paulo, Annablume.

BECKER, Howard S. (1960) "Careers, personality and adult socialization", *in*: Maurice R. Stein, Arthur J. Vidich and David Manning White (orgs.), *Identity and Anxiety: Survival of the Person in Mass Society*. Nova York, The Free Press; Londres, Collier-Mac Millan, p.205-18.

———. (1977) *Uma teoria da ação coletiva*. Rio de Janeiro, Zahar.

———. (1993) *Métodos de pesquisa em ciências sociais*. São Paulo, Hucitec.

BECKER, Howard S., GEER, Blanche, HUGHES, Everett C. e STRAUSS, Anselm L. (1984) *Boys in White: Student Culture in Medical School*. New Brunswick/Londres, Transaction Books, 3ªed., [1961].

BELL, Colin e NEWBY, Howard. (1971) *Community Studies*. Londres, George Allen and Unwin.

BELOCH, Israel. (1986) *Capa Preta e Lurdinha: Tenório Cavalcanti e o povo da Baixada*. Rio de Janeiro, Record.

BEZERRA, Marcos Otávio. (1995) *Corrupção: um estudo sobre poder público e relações pessoais no Brasil*. Rio de Janeiro, Relume-Dumará.

————. (1999) *Em nome das bases: política, favor e dependência pessoal*. Rio de Janeiro, Relume-Dumará/NuAP.

BOSCHI, Renato (org.). (1983) *Movimentos coletivos no Brasil urbano*. Rio de Janeiro, Zahar.

————. (1987) *A arte da associação: política de base e democracia no Brasil*. São Paulo/Rio de Janeiro, Vértice/Iuperj.

BOURDIEU, Pierre. (1980) "L'action du temps", *in*: *Le sens pratique*. Paris, Minuit, p.167-89.

BRUNEL, Pierre (org.). (1997) *Dicionário de mitos literários*. Rio de Janeiro, José Olympio/UnB.

CAMARGO, Aspásia e outros. (1986) *Artes da política: diálogo com Ernani do Amaral Peixoto*. Rio de Janeiro, Nova Fronteira.

CARVALHO, José Murilo de. (1997) "Mandonismo, coronelismo, clientelismo: uma discussão conceitual", *Dados*, vol.40, n.2.

CHAMPAGNE, Patrick. (1975) "La restructuration de l'espace villageois", *Actes de la Recherche*, n.3, março, p.43-67.

CHAVES, Christine de Alencar. (1996) "Eleições em Buritis: a pessoa política", *in*: M. Palmeira e M. Goldman (orgs.), *Antropologia, voto e representação política*. Rio de Janeiro, Contra Capa.

————. (1998) "A marcha nacional dos sem-terra: um estudo etnográfico", *Cadernos do NuAP*, n.2. Rio de Janeiro, NAU, p.16-32.

CHEIBUB, José Antônio e PRZEWORSKI, Adam. (1997) "Democracia, eleições e responsabilidade política", *Revista Brasileira de Ciências Sociais*, vol.12, n.35, p.49-61.

CLASTRES, Pierre. (1974) *A sociedade contra o Estado*. Rio de Janeiro, Francisco Alves.

————. (1980) *Arqueologia da violência*. São Paulo, Brasiliense.

COMERFORD, John Cunha. (1998) "Sindicatos, sociabilidade e poder: um estudo sobre trabalhadores rurais", *Cadernos do NuAP*, n.2. Rio de Janeiro, NAU, p.33-49.

CORADINI, Odaci Luiz. (1999) "A extração social dos candidatos: as eleições de 1990 e de 1994 no Rio Grande do Sul", *Cadernos do NuAP*, n.3. Rio de Janeiro, NAU.

COSTA, Maria Cecília Solheid. (1980) *Os caminhos da casa*. Rio de Janeiro, Museu Nacional/PPGAS (dissertação de mestrado).

D'ARAUJO, Maria Celina. (1996) *Sindicatos, carisma & poder: o PTB de 1945-65*. Rio de Janeiro, FGV.

DA MATTA, Roberto. (1978) "O ofício de etnólogo, ou como ter *anthropological blues*", *in*: Edson Nunes (org.), *A aventura sociológica*. Rio de Janeiro, Zahar, p.23-35.

———. (1979) *Carnavais, malandros e heróis*. Rio de Janeiro, Zahar.

DAGNINO, Evelina (org.). (1994) *Anos 90: política e sociedade no Brasil*. São Paulo, Brasiliense.

Dicionário histórico-biográfico brasileiro: 1930-1983. (1984) Alzira Alves de Abreu e Israel Beloch (coord.). Rio de Janeiro, Forense-Universitária/FGV-CPDOC/Finep.

DINIZ, Eli. (1982a) *Voto e máquina política: patronagem e clientelismo no Rio de Janeiro*. Rio de Janeiro, Paz e Terra.

———. (1982b) "Clientelismo urbano: ressuscitando um antigo fantasma?", *Novos Estudos Cebrap*, vol.1, n.4, novembro, p.21-6.

———. (1983) "Favela: associativismo e participação social", *in:* Renato Boschi (org.), *Movimentos coletivos no Brasil urbano*. Rio de Janeiro, Zahar, p.27-74.

DOIMO, Ana Maria. (1995) *A vez e a voz do popular: movimentos sociais e participação política no Brasil*. Rio de Janeiro, Relume-Dumará/ANPOCS.

DUARTE, Luiz Fernando Dias. (1983) "Três ensaios sobre pessoa e modernidade", *Boletim do Museu Nacional* — Nova Série Antropologia, n.41, agosto.

DULLES, John W.F. (1992) *Carlos Lacerda: a vida de um lutador*. Vol.1: 1914-1960. Rio de Janeiro, Nova Fronteira.

DUMONT, Louis. (1985) *O individualismo: uma perspectiva antropológica da ideologia moderna*. Rio de Janeiro, Rocco.

DURKHEIM, Émile. (1990) *As regras do método sociológico*. São Paulo, Nacional, 14ªed.

ELIAS, Norbert. (1990) *O processo civilizador*. Rio de Janeiro, Zahar.

EPSTEIN, A.L. (1969) "The network and urban social organization", *in:* J.C. Mitchell (org.), *Social Networks in Urban Situations*. Manchester, Manchester UP, p.77-116.

ERICKSON, Kenneth Paul. (1979) *Sindicalismo no processo político no Brasil*. São Paulo, Brasiliense.

EVANS-PRITCHARD, E.E. (1978) *Os Nuer*. São Paulo, Perspectiva.

FIGUEIREDO, Argelina Cheibub e LIMONGI, Fernando. (1999) *Executivo e Legislativo na nova ordem constitucional*. Rio de Janeiro, FGV/Fapesp.

FORTES, M. e EVANS-PRITCHARD, E.E. (orgs.). (1961) *African Political Systems*. Londres, Oxford UP.

FREYRE, Gilberto. (1973) *Casa grande e senzala: formação da família brasileira sob o regime da economia patriarcal*. Rio de Janeiro, José Olympio, 16ªed.

FRIEDRICH, Paul. (1968) "The political middleman", *in:* M.J. Swartz (org.), *Local-Level Politics: Social and Cultural Perspectives*. Chicago, Aldine, p.199-204

GAY, Robert. (1990) "Community organization and clientelist politics in contemporary Brazil: a case study from suburban Rio de Janeiro", *International Journal of Urban and Regional Research*, vol.14, n.4, dezembro, p.648-66.

GEERTZ, Clifford. (1980) *Negara: o estado teatro no século XIX*. Rio de Janeiro, Bertrand.

———. (1983) *Local Knowledge: Further Essays in Interpretive Anthropology*. Nova York, Basic Books.

GLUCKMAN, Max. (1968) "Inter-hierarchical roles: professional and party ethics in tribal areas in south and central Africa", *in* M.J. Swartz (org.) *Local-Level Politics: Social and Cultural Perspectives*. Chicago, Aldine, p.69-94.

GOLDHAMMER, Herbert e SHILLS, Edward A. (1970) "Power and status", *in:* Lewis A. Coser e Bernard Rosenberg (orgs.), *Sociological Theory: A Book of Readings*. Nova York, Macmillan, p.145-54.

GOLDMAN, Marcio. (1999) *Alguma antropologia*. Rio de Janeiro, Relume-Dumará/NuAP.

GOLDMAN, Marcio e SILVA, Ana Claudia C. da. (1998) "Por que se perde uma eleição?", *in*: Irlys Barreira e Moacir Palmeira (orgs.), *Candidatos e candidaturas: enredos de campanha eleitoral no Brasil*. São Paulo, Annablume, p.25-57.

GRAHAM, Richard. (1997) *Clientelismo e política no Brasil do século XIX*. Rio de Janeiro, UFRJ.

GRAZZIANO, Luigi. (1997) "O *lobby* e o interesse público", *Revista Brasileira de Ciências Sociais*, vol.12, n.35, p.135-45.

GUEBEL, Claudia. (1996) "O Bar de Tita: política e redes sociais", *in*: M. Palmeira e M. Goldman (orgs.), *Antropologia, voto e representação política*. Rio de Janeiro, Contra Capa, p.73-84.

HEILBORN, Maria Luiza. (1984) *Conversa de portão: juventude e sociabilidade em um subúrbio carioca*. PPGAS/Museu Nacional/UFRJ (dissertação de mestrado).

HOLLANDA, Sérgio Buarque de. (1978) *Raízes do Brasil*. Rio de Janeiro, José Olympio.

HUGHES, Everett C. (1993) *The Sociological Eye: Selected Papers on Institutions and Race*. New Brunswick/Londres, Transaction.

JANNUZZI, Gilberta Martino. (1979) *Confronto pedagógico: Paulo Freire e Mobral*. São Paulo, Cortez & Moraes.

KUSCHNIR, Karina. (1993) *Política e mediação cultural: um estudo na Câmara Municipal do Rio de Janeiro*. Rio de Janeiro, PPGAS/Museu Nacional/UFRJ (dissertação de mestrado).

———. (1996a) "Trânsito e aliança na representação parlamentar", *Revista Brasileira de Ciências Sociais*, n.30, ano 11, fevereiro, p.101-9.

———. (1996b) "Cultura e representação política no Rio de Janeiro", *in*: M. Palmeira e M. Goldman (orgs.), *Antropologia, voto e representação política*. Rio de Janeiro, Contra Capa, p.183-202.

———. (1998) *Política e sociabilidade: um estudo de antropologia social*. Rio de Janeiro, PPGAS/Museu Nacional/UFRJ (tese de doutorado).

———. (1999) "Política, cultura e espaço urbano", *in*: Gilberto Velho (org.), *Antropologia urbana: cultura e sociedade no Brasil e em Portugal*. Rio de Janeiro, Zahar, p.88-97.

KUSCHNIR, Karina e PIQUET-CARNEIRO, Leandro. (1999) "As dimensões subjetivas da política: cultura política e antropologia da política", *Estudos Históricos*, n.24.

KUSCHNIR, Karina, PIQUET-CARNEIRO, Leandro e SCHMITT, Rogério. (1998) "A campanha eleitoral na TV em eleições locais: estratégias e resultados", *in*: Irlys Barreira e Moacir Palmeira (orgs.), *Candidatos e candidaturas: enredos de campanha eleitoral no Brasil*. São Paulo, Annablume, p.58-90.

LANDÉ, Carl H. (1977) "Introduction: the dyadic basis of clientelism", *in:* Steffen W. Schmidt *et al* (orgs.), *Friends, Followers, and Factions: A Reader in Political Clientelism*. Berkeley, University of California Press, p.xiii-xxxvii.

LANNA, Marcos P.D. (1995) *A dívida divina: troca e patronagem no nordeste brasileiro*. São Paulo, Unicamp.

LEACH, Edmund R. (1974) *Repensando a antropologia*. São Paulo, Perspectiva.

———. (1996) *Sistemas políticos da Alta Birmânia*. São Paulo, Edusp.

LEEDS, Anthony. (1978) "Carreiras brasileiras e estrutura social: uma história de caso e um modelo", *in:* Anthony Leeds e Elizabeth Leeds, *A sociologia do Brasil urbano*. Rio de Janeiro, Zahar, p.55-85.

LEEDS, Elizabeth. (1996) "Cocaine and parallel politics in the Brazilian urban periphery: constraints to local-level democratization", *Latin American Research Review*, vol.31, n.3, outono.

LEOPOLDI, Maria Antonieta P. (1973) "Carreira política e mobilidade social: o Legislativo como meio de ascensão social", *Revista de Ciência Política*, vol.7, n.2. Rio de Janeiro, FGV, p.83-95.

———. (1977) *Estado e representação de interesses no Brasil: um estudo sobre o Legislativo brasileiro e os representantes políticos da Guanabara*. Rio de Janeiro, Iuperj (dissertação de mestrado).

LIMA JR., Olavo Brasil de (org). (1991) *Sistema eleitoral brasileiro: teoria e prática*. Rio de Janeiro, Rio Fundo/Iuperj.

MALLOY, James M. (1976a) "Previdência social e a classe operária no Brasil", *Novos Estudos Cebrap*, n.15, janeiro, p.113-115.

———. (1976b) "A política de previdência social: participação e paternalismo", *Dados*, n.13, p.93-115.

MARTINS, Mário. (1996) *Valeu a pena: memórias de um jornalista e político de oposição que nunca foi do contra*. Rio de Janeiro, Nova Fronteira.

MAUSS, Marcel. (1974) "Ensaio sobre a dádiva, forma e razão da troca nas sociedades arcaicas", *in*: *Sociologia e antropologia*, vol.2. São Paulo, EPU/Edusp, p.37-184.

MAYER, Adrian C. (1969) "The significance of quasi-groups in the study of complex societies", *in*: Michael Banton (org.) *The Social Anthropology of Complex Societies*. Londres, Tavistock, p.97-122.

NOGUEIRA, Oracy. (1962) *Família e comunidade: um estudo sociológico de Itapetininga*. Rio de Janeiro, INEP.

NUNES, Edson. (1976) "Quem representa o carioca?". Iuperj, datil.

OFFERLÉ, Michel. (1993) *Un homme, une voix?: histoire du suffrage universel*. Paris, Découvertes Gallimard.

PALMEIRA, Moacir e GOLDMAN, Márcio (orgs.). (1996) *Antropologia, voto e representação política*. Rio de Janeiro, Contra Capa.

PALMEIRA, Moacir e HEREDIA, Beatriz, M.A. (1993) "Le temps de la politique", *Études Rurales*, 131-132, julho-dezembro, p.73-87.

———. (1997) "Política ambígua", *in*: Patrícia Birman, Regina Novaes e Samira Crespo (orgs.) *O mal à brasileira*. Rio de Janeiro, UERJ, p.159-84.

———. (1995) "Os comícios e a política de facções", *Anuário Antropológico/94*. Rio de Janeiro, Tempo Brasileiro, p.31-94.

PARK, Robert E. (1979) "A cidade: sugestões para a investigação do comportamento humano no meio urbano", *in*: Otávio G. Velho (org.), *O fenômeno urbano*. Rio de Janeiro, Zahar, p.26-67.

PEIRANO, Mariza. (1995) *A favor da etnografia*. Rio de Janeiro, Relume-Dumará.

———. (1998) "Antropologia política, ciência política e antropologia da política", *in*: *Três ensaios breves*. Brasília, UnB, Série Antropologia, n.230, p.17-29.

PIQUET-CARNEIRO, Leandro e SCHMITT, Rogério A. (1995) "Eleições casadas, resultados nem sempre solteiros: campanhas proporcionais e imagem partidária no horário gratuito de propaganda eleitoral", *Opinião Pública*, vol.III, n.1, maio, p.45-59.

PITTA, Nilda A.M. e ARRUDA, José Maria. (1966) "Composição sociológica da Assembléia Legislativa do Estado da Guanabara", *Revista de Direito Público e Ciência Política*, vol.9, n.3, julho/setembro, p.120-44.

POLLACK, Michael. (1989) "Memória, esquecimento e silêncio", *Estudos Históricos*, vol.2, n.3, p.3-15.

———. (1992) "Memória e identidade social", *Estudos Históricos*, vol. 5, n.10, p.200-15.

PORTELLI, Alessandro. (1996) "O massacre de Civitella Val di Chiana (Toscana, 29 de junho de 1944): mito e política, luto e senso comum", *in*: M.M. Ferreira e J. Amado (orgs.), *Usos & abusos da história oral*. Rio de Janeiro, FGV, p.103-30.

PUTNAM, R. (1997) *Comunidade e democracia: a experiência da Itália moderna*. Rio de Janeiro, FGV.

REDFIELD, Robert. (1965) *The Little Community and Peasant Society and Culture*. Chicago, The University of Chicago Press.

REZENDE, Claudia Barcellos. (1998) "Building affinity through friendship", *in*: Simon Coleman e Sandra Bell (orgs.), *The Anthropology of Friendship*. Oxford, Berg.

RODRIGUES, Leôncio Martins. (1974) *Trabalhadores, sindicatos e industrialização*. São Paulo, Brasiliense.

SAHLINS, Marshall. (1990) *Ilhas de história*. Rio de Janeiro, Zahar.

SANTOS, André Marenco dos. (1997) "Nas fronteiras do campo político: raposas e outsiders no Congresso Nacional", *Revista Brasileira de Ciências Sociais*, ano 12, n.33, fevereiro, p.87-101.

SANTOS, Fabiano Guilherme M. (1995) "Clientelismo como escolha racional", *in*: Elisa Reis, Maria H.T. de Almeida e Peter Fry (orgs.), *Pluralismo, espaço social e pesquisa*. São Paulo, ANPOCS/Hucitec, p.105-37

SANTOS, Nilton Silva dos. (1997) *Vivendo na Cachimba: considerações sobre a participação política num bairro de Curitiba*. PPGAS/Museu Nacional/UFRJ (dissertação de mestrado).

SCHMIDT, Steffen W. *et al* (orgs.). (1977) *Friends, Followers and Factions: A Reader in Political Clientelism*. Berkeley, University of California Press.

SCHMITT, Rogério A. e ARAUJO, Simone C. (1997) "Migração partidária, reapresentação e reeleição na Câmara dos Deputados". Rio de Janeiro, datil.

SCHMITT, Rogério A., PIQUET-CARNEIRO, Leandro e KUSCHNIR, Karina. (1999) "Estratégias de campanha eleitoral no HGPE em eleições proporcionais", *Dados*, vol.42, n.2, p.277-301.

SCHUMPETER, Joseph A. (1984) *Capitalismo, socialismo e democracia*. Rio de Janeiro, Zahar.

SCOTTO, Gabriela. (1998) "Imagens, candidatos e campanhas eleitorais: um estudo comparativo sobre campanhas presidenciais brasileiras e argentinas", *Cadernos do NuAP*, n.2. Rio de Janeiro, NAU, p.50-68.

SIMMEL, Georg. (1939) *Sociología: estudios sobre las formas de socializacion*, vol.II. Buenos Aires, Espasa-Calpe.

———. (1964) "Conflict", *in*: *Conflict and the Web of Group-affiliations*. Nova York, The Free Press, p.11-123.

———. (1978) "The style of life", *in*: *The Philosophy of Money*. Londres, Routledge and Kegan Paul, p.429-512.

SORJ, Bernardo e ALMEIDA, Maria Hermínia T. (orgs.). (1983) *Sociedade e política no Brasil pós-64*. São Paulo, Brasiliense.

SWARTZ, M. J. (org.). (1968) *Local-Level Politics: Social and Cultural Perspectives*. Chicago, Aldine.

SWARTZ, M. J., TURNER, V. e TUDEN, A. (orgs.). (1976) *Political Anthropology*. Chicago, Aldine.

TEIXEIRA, Carla Costa. (1998) *A honra da política: decoro parlamentar e cassação de mandato no Congresso Nacional (1949-1994)*. Rio de Janeiro, Relume-Dumará/NuAP.

TÖNNIES, Ferdinand. (1965) "Gemeinschaft und Gesellschaft", *in: Theories of Society*. Nova York, Free Press, p.191-201.

VELHO, Gilberto. (1978a) "Observando o familiar", *in*: Edson Nunes (org.), *A aventura sociológica*. Rio de Janeiro, Zahar, p.36-46.

———. (1978b) *A utopia urbana: um estudo de antropologia social*. Rio de Janeiro, Zahar, 3ªed.

———. (1980) "O antropólogo pesquisando em sua cidade: sobre conhecimento e heresia", *in*: Gilberto Velho (org.). *O desafio da cidade*. Rio de Janeiro, Campus, p.13-20.

———. (1981) *Individualismo e cultura: notas para uma antropologia da sociedade contemporânea*. Rio de Janeiro, Zahar.

———. (1988) "Destino e projeto: uma visão antropológica", *in*: Eduardo Prado (org.), *Destino*. Rio de Janeiro, Terceira Margem.

———. (1994) *Projeto e metamorfose: antropologia das sociedades complexas*. Rio de Janeiro, Zahar.

VELHO, Gilberto e KUSCHNIR, Karina. (1996) "Mediação e metamorfose", *Mana: estudos de antropologia social*, vol.2, n.1, abril, p.97-107.

VEYNE, Paul. (1987) "O indivíduo atingido no coração pelo poder público", *in*: Paul Veyne *et al*. *Indivíduo e poder*. Lisboa, Edições 70, p.9-23.

VIANNA, Hermano. (1988) *O mundo funk carioca*. Rio de Janeiro, Zahar.

VIEGAS, Ana Claudia C. (1997) *Trocas, facções e partidos: um estudo da vida política em Araruama-RJ*. Rio de Janeiro, PPGAS/Museu Nacional/UFRJ (tese de doutorado).

WEBER, Max. (1979) "A política como vocação", *in*: *Ensaios de Sociologia*. Rio de Janeiro, Zahar, p.97-153.

———. (1981) *A ética protestante e o espírito do capitalismo*. São Paulo, Pioneira/UnB.